AI와 종말론적 상상들

AI총서

인공지능 시대입니다. 기계가 인간의 인지를 대신하고, 사물이 인간을 통하지 않고 다른 사물과 직접 커뮤니케이션합니다. 이에 따른 인간 삶과 문명 변화를 정확히 이해·예측·대응하는 것은 이 시대 우리 모두의 과제입니다. AI총서는 인공지능 기술과 환경의 여러 주제를 10가지 키워드로 정리합니다. 관련 개념과 이론, 학계와 산업계의 쟁점, 우리 일상의 변화를 다룹니다. 인간과 기술의 현재, 미래를 세심히 분석합니다.

일러두기

- 인명, 작품명, 저서명, 개념어 등은 한글과 함께 괄호 안에 해당 국가의 원어를 병기했습니다.
- 외래어 표기는 현행 어문규정의 외래어표기법을 따랐습니다.

처음이세요?

전문가세요?

AI와 종말론적 상상들

조이환

대한민국, 서울, 커뮤니케이션북스, 2025

AI와 종말론적 상상들

지은이 조이환
펴낸이 박영률

초판 1쇄 펴낸날 2025년 11월 18일

커뮤니케이션북스(주)
출판 등록 2007년 8월 17일 제313-2007-000166호
02880 서울시 성북구 성북로 5-11
전화(02) 7474 001, 팩스(02) 736 5047
commbooks@commbooks.com
www.commbooks.com

ISBN 979-11-430-1496-2 03500

책값은 뒤표지에 표시되어 있습니다.

차례

기술 신화와 종말의 서사 xi

01 특이점 주의와 초월 신화 1

02 AGI 메시아들 11

03 초지능의 통제 불가능성 21

04 반기술주의와 기술 탈주론 29

05 우파 가속주의와 비인간 정치 철학 39

06 자본의 지배와 가속의 실현자들 47

07 좌파 가속주의와 유토피아 재장전 57

08 AI 리얼리즘과 상상력의 한계 67

09 비서구 기술 철학과 인식의 전환 75

10 AI 이후 존재성 83

기술 신화와 종말의 서사

인류는 스스로를 끝낼 수 있는 도구를 손에 쥔 최초의 종이다. 20세기 중반 원자력의 발견이 우리에게 물리적 절멸의 가능성을 처음으로 각인시켰다면, 21세기의 인공지능(AI)은 거기에 실존적 절멸이라는 새로운 차원의 질문을 더한다. 우리는 역사상 가장 강력한 문제 해결의 도구를 가졌다고 믿는 동시에, 그 도구가 우리의 존재 이유 자체를 소멸시킬지도 모른다는 깊은 불안에 휩싸여 있다. 기술적 풍요와 실존적 공포라는 이 거대한 역설이야말로 우리 시대를 규정하는 가장 핵심적인 특징이다.

'AI 아포칼립스', 즉 AI로 인한 인류의 종말이라는 개념은 이제 더 이상 소수 기술 전문가나 공상과학 소설의 전유물이 아니다. 그것은 전 세계 정부의 안보 보고서와 거대 기업의 전략 회의, 그리고 평범한 사람들의 저녁 식사 자리에서 중요한 화두가 되었다. AI의 발전은 인류사를 통틀어 가장 위대한 성취가 될 수도, 혹은 우리의 마지막 발명품이 될 수도 있다는 경고가 연일 쏟아진다. 이처럼 극단적인 희망과 절망이 교차하는 지점에서, 이 책은 "AI가 과연 우리를 파괴할 것인가"라는 질문에 답하려는 시도가 아니다. 대신, 훨씬 더 근본적인 질문을 던지고자 한다. "왜 이 질문이 우리 시대의 가장 중요하고 강박적인 질문이 되었는가." 이것은 기술 예측에 대한 책이 아니라, 우리 시대의 가장 강력한 신화가 된 'AI 종말론'이라는 상상력 자체에 대한 해부학적 탐구다.

새로운 시대정신: AI라는 거대 서사

불과 10여 년 전만 해도 기술 세계의 야망은 더 얇은 스마트폰, 더 세련된 디자인, 140자로 세상을 바꾸는 소셜 미디어에 있었다. 혁신은 소비자의 손안에서 즉각적으로 체감되는 매혹적인 기능으로 증명되었다. 그러나 2020년대에 들어, 기술 담론의 문법은 근본적으로 바뀌었다. 오늘날 실리콘밸리의 가장 뛰어난 개척자들은 더 이상 새로운 기기를 이야기하지 않는다. 그들은 인류의 미래와 영생, 그리고 기술적 특이점을 논한다. 그들의 언어는 공학의 영역을 넘어 구원과 파멸, 예언과 종말이라는 거대한 서사의 영역으로 진입했다.

이 극적인 변화의 중심에 인공지능(AI)이 있다. 2022년 말 오픈AI의 챗GPT가 처음 등장한 직후 저명한 기술자와 사상가들이 AI 개발을 '6개월간 중단하자'는 전례 없는 서한을 발표했던 순간은 상징적이다. 인류 역사상 어떤 기술도 그 창조자들에게 이토록 즉각적이고 실존적인 공포를 안겨준 적은 없었다. 필자가 아는 어떤 이는 오픈 AI가 2024년 인간 수준의 추론 능력을 보이는 'o1' 모델의 존재를 공개했을 때 며칠간 잠을 이루지 못했다고 고백했다. 이는 소수 전문가의 기우가 아니다. AI는 이미 우리 시대의 지적, 산업적 풍경을 재편하는 가장 강력한 행위자가 되었다.

AI 서사가 이토록 강력한 설득력을 얻는 이유는 무엇인가? 세계는 지금 정체의 늪에 빠져있다. 전 세계 출산율은 지역을 가리지 않고 지속적으로 정체되고, 정치적 극단주의는 일상이 되었으며, 경제는 대공황 이후 최악의 위기를 향하고 있다는 경고가 쏟아진다. 코인이나 공유경제와 같은 과거의 기술적 약속들이 신기루처럼 사라진 자리에, AI는 거의 유일하게 가시적이고 폭발적인 발전을 실시간으로 증명해 보이는 존재다. "당신이 오늘 쓰는 모델이 당신의 삶에서 가장 뒤떨어진 모델일 것"이라는 누군가의 말은 더 이상 과장이 아니다. 이 책의 표지에 있는 필자의 이미지는 원고를 마감하던 2025년 8월에야 등장한 구글의 최신 이미지 생성 AI인 '나노 바나나'로 보정되었다. 불과 3개월 전이었다면 이 이미지를 위해 전문 디자이너에게 포토샵을 위해 상당한 비용을 지불하거나 새로운 사진을 찍어야 했을 것이다. 이처럼 AI는 매 순간 자신의 능력을 입증하며, '비트(bits)의 세계'를 넘어 '원자(atoms)의 세계'까지 바꿀 수 있을지 모른다는 강력한 기대를 낳고 있다. 다른 모든 것이 정체된 세계에서 AI는 어쩌면 유일하게 작동하는 미래를 향한 엔진처럼 보인다.

거대 서사의 공백과 종말론적 상상력

AI라는 새로운 서사는 역사의 진공 속에서 등장하지 않았다. 그것은 인류의 오랜 '종말론적 상상력'이 머물던 거처를 차지하며 그 힘을 얻었다. 과거 인류의 삶과 역사에 의미를 부여했던 거대한 서사들, 즉 과거의 패러다임이 힘을 잃은 자리에서 말이다. 인류의 역사는 종말과 구원에 대한 이야기와 함께 해 왔다. "인생은 짧고, 잔인하며, 비참하다"는 홉스가 말한 삶의 조건 속에서, 종교적 종말론은 내세의 구원을 약속하며 현재의 고통을 견디게 하는 강력한 심리적 기제였다. 인간의 역사는 언젠가 끝날 것이며, 구원자가 재림하여 인류를 구원하거나 심판할 것이라는 아브라함교 계통의 믿음은 개인의 삶과 사회 전체에 강력한 도덕적, 역사적 틀을 제공했다.

근대에 들어 종교의 힘이 약해지자, 그 자리를 새로운 정치적 목적론이 대체했다. 19세기 산업혁명이 가져온 가속과 혼란 속에서, 공산주의는 그 혼돈을 설명하고 넘어설 단순하고 강력한 서사를 제공했다. 자본주의의 내적 모순이 심화되면 필연적으로 계급투쟁이라는 마지막 전투가 벌어질 것이며, 그 끝에서 유토피아가 도래할 것이라는 예언은 수많은 이들에게 새로운 역사의 의미와 목적지를 제시했다. 이처럼 과거의 거대 서사들은 역사가 특정한 '끝'을 향해 나아간다는 목적론적 시간관을 공유한다. 그 끝은 지금의 너저분한 세속적 삶에서는 불가능한, 완전하고 영원한 낙원을 약속하며 현재의 고통을 인내하게 하고 미래에 대한 희망을 품게 하는 강력한 틀로 작동했다.

하지만 20세기 후반, 이 거대한 서사들은 설득력을 잃었다. 프랜시스 후쿠야마가 '역사의 종언'을 선언했을 때, 그것은 단지 냉전의 종식을 의미하는 것이 아니라, 인류에게 방향을 제시해 주던 거대 서사 자체가 종언을 고했음을 알리는 신호이기도 했다. 바로 이 거대한 서사의 공백, 의미의 진공 상태 속에서 인류는 새로운 종류의 고통에 직면했다. 과거 인류의 고통이 물리적 결핍과 폭력에 있었다면, 현대의 고통은 의미의 부재와 목적의 상실이라는 질적으로 다른 차원에 있다. 이 공백을 채우기 위해 인류의 종말론적 상상력은 기댈 곳을 잃고 부유했으며, 마침내 자신을 담아낼 새로운 그릇을 찾아냈다.

어떻게 분석할 것인가: 서사 해부의 방법론

이 책은 AI 종말론이라는 현상에 대해 유토피아나 디스토피아 중 한쪽의 편을 들거나, 미래를 섣불리 예측하려는 시도가 아니다. 대신, 이 새로운 기술 신화가 어떻게 구성되고 작동하는지를 해부하고 그 지적 계보를 추적하는 비판적이고 계보학적인 접근을 취한다. 이 책의 목표는 독자에게 정답을 제시하는 것이 아니라, 현란한 담론의 홍수 속에서 스스로 질문을 던지고 길을 찾을 수 있는 비판적 도구를 제공하는 것이다.

이를 위해 본서는 세 가지 분석 방법을 사용한다. 첫째, 신화의 해체다. 이 책에서 다루는 각각의 장들을 단순한 주장이나 이론으로 보지 않고, 그 안에 숨겨진 가정, 욕망, 그리고 목표를 가진 하나의 '신화' 혹은 '서사'로 간주하고 그 구조를 해부한다. 둘째, 지적 계보학이다. 오늘날의 AI 담론이 완전히 새로운 것이 아니라 과거의 철학적, 정치적, 종교적 사유들과 어떻게 연결되고 변주되는지 그 지적인 뿌리를 추적한다. 셋째, 담론 분석이다. AI를 둘러싼 논쟁에서 사용되는 언어와 은유(예: '경쟁', '구원', '위험')에 주목한다. 이러한 언어들이 어떻게 우리의 사고방식을 특정 방향으로 유도하고, 어떤 권력 관계를 정당화하며, 어떤 대안적 상상력을 억압하는지 분석한다. 이 분석적 여정을 통해 독자들은 AI 종말론이라는 현상을 한 걸음 떨어져 객관적으로 바라볼 수 있는 시각을 갖게 될 것이다.

서사의 지도를 그리다: 10개의 논리

이 책은 AI라는 새로운 신화의 정체를 파악하고 그 종말론적 서사의 지형도를 그리기 위한 지적 탐험이다. AI 종말론이라는 현상에 대해 섣부른 판단을 내리는 예언서나 비평서가 되기보다, 복잡하게 얽힌 구조를 해부하고 각 부분의 논리를 드러내는 해부학적 태도를 견지하고자 한다. 이 책의 목표는 정답을 제시하는 것이 아니라, 독자들이 이 거대한 현상을 입체적으로 이해하는 데 필요한 10개의 핵심 키워드를 통해 함께 사유의 여정을 떠나는 것이다. 10개의 장은 무작위로 나열된 것이 아니라 AI 신화의 탄생부터 현재, 그리고 그 이후까지를 관통하는 논리적 흐름을 따른다.

이 책의 여정은 먼저 기술적 구원을 약속하는 특이점

주의자 레이 커즈와일과 그 예언을 현실로 만드는 샘 올트먼, 다리오 아모데이, 데미스 허사비스와 같은 이들의 유토피아적 비전을 듣는 것에서 시작한다. 이어서 그 믿음에 근본적인 의문을 던지는 일라이저 유드코프스키의 파멸 경고와 기술 문명 자체를 거부한 시어도어 카진스키의 급진적 저항을 통해 신화의 어두운 이면을 살필 것이다. 그 후, 이 구도를 정치 철학으로 극대화한 가속주의의 여러 갈래들을 탐험한다. 기술-자본의 비인간적 흐름을 예언한 닉 랜드, 그것을 현실 정치의 장에서 실현하려는 피터 틸과 일론 머스크, 그리고 그 흐름을 인간 해방의 도구로 전유하려는 좌파 가속주의의 야심을 차례로 분석한다.

이 모든 담론이 어떻게 우리 시대의 정신적 풍경을 구성하는지, 마크 피셔의 '자본주의 리얼리즘'을 통해 상상력의 한계를 진단한다. 그리고 바로 그 막다른 골목에서, 서구의 논쟁 자체를 해체하며 새로운 인식의 틀을 요구하는 육후이와 아킬레 음벰베의 비서구적 대안을 마주하게 될 것이다. 그리고 마침내 이 모든 여정의 끝에서, AI라는 거대한 흐름 이후에도 여전히 우리에게 남겨질 인간 존재의 조건에 대해 마지막 질문을 던지며 이 책을 마무리하고자 한다. 이 지도를 따라가는 여정이, 기술의 현란한 빛과 그림자 속에서 우리 자신을 성찰하는 기회가 되기를 바란다.

참고문헌

유발 하라리(2017). 《호모 데우스: 미래의 역사》. 김명주 옮김. 김영사.

유발 하라리(2023). 《사피엔스: 유인원에서 사이보그까지, 인간 역사의 대담하고 위대한 질문》. 조현욱 옮김. 김영사.

카를 마르크스·프리드리히 엥겔스(2018). 《공산당 선언》. 이진우 옮김. 책세상.

프랜시스 후쿠야마(1997). 《역사의 종말》. 이상훈 옮김. 한마음사.

Future of Life Institute(2023.3.22). Pause Giant AI Experiments: An Open Letter.
https://futureoflife.org/wp-content/uploads/2023/05/FLI_Pause-Giant-AI-Experiments_An-Open-Letter.pdf

Google Gemini. "나노 바나나".
https://gemini.google/overview/image-generation/

Kaczynski, T.(2016). The techies' wet-dreams. *Anti-Tech Revolution: Why and How.*
https://theanarchistlibrary.org/library/ted-kaczynski-the-techies-wet-dreams

OpenAI(2024.9.12). "OpenAI o1-preview를 소개합니다".
https://openai.com/ko-KR/index/introducing-openai-o1-preview/

01
특이점 주의와 초월 신화

특이점 주의는 AI와의 융합을 통해 인간의 생물학적 한계를 극복할 수 있다는 기술적 초월의 서사를 제시한다. 레이 커즈와일은 '수확 가속의 법칙'을 근거로 특이점이 임박했으며 나노 기술과 유전 공학의 발전이 디지털 불멸을 가능하게 할 것이라고 주장하며 이 담론을 주도하고 있다. 그러나 그의 예언은 '메시아적 종교'라는 비판과 함께 AI의 막대한 에너지 소비와 같은 물리적 한계에 부딪히며 과학적 필연이 아닌 현대의 기술 신화라는 반론에 직면해 있다.

기후 위기와 인공지능?

기술적 특이점, 예언의 서막

기술적 특이점(Technological Singularity)은 기술 발전이 통제 불가능한 수준에 이르러 인류 문명에 예측 불가능한 변화를 초래한다는 급진적인 미래 시나리오다. 구글의 미래학자 레이 커즈와일(Ray Kurzweil)은 이 개념을 대중화시킨 핵심 인물로, 인공지능(AI)이 인간의 지능을 뛰어넘는 시점이 머지않았다고 주장한다. 더 나아가 그는 인간의 뇌가 비생물학적 지능과 융합하여 질병과 노화, 심지어 죽음이라는 생물학적 한계마저 극복할 수 있다고 예언한다.

특이점이라는 아이디어는 레이 커즈와일이 처음 만든 것이 아니다. 그 개념의 씨앗은 컴퓨터 과학의 선구자들에게서 찾아볼 수 있다. 20세기 중반, 수학자 존 폰 노이만(John von Neumann)은 기술 진보가 이해할 수 없을 정도로 빠르고 복잡해져 인간이 예측하거나 이해할 수 없는 변화를 가져올 것이라는 '특이점'의 개념을 가장 먼저 언급한 인물 중 한 명으로 알려져 있다.

본격적으로 기계 지능의 가능성을 연 것은 현대 컴퓨터 과학의 아버지, 앨런 튜링(Alan Turing)이었다. 그는 1950년 논문 〈컴퓨팅 기계와 지능(Computing Machinery and Intelligence)〉을 통해 기계가 인간과 구별할 수 없을 정도로 지능적인 행동을 보일 수 있다는 개념을 소개했다. 인간 심판이 기계와 대화하고 있다는 사실을 깨닫지 못하면 그 기계를 '지능적'이라고 간주할 수 있다는 그의 '튜링 테스트'는, 훗날 기계가 인간을 넘어설 수 있다는 상상력의 이론적 발판이 되었다.

이러한 지적 토대 위에서 '기술적 특이점'이라는 용어를 현대적 의미로 명확히 한 인물은 수학 교수이자 공상과학 작가인 버너 빈지(Vernor Vinge)다. 그는 '초인적 지능의 탄생'이야말로 지구 역사에서 진정한 특이점이 될 것이며 이 시점을 넘어서면 현재 우리가 이해하고 있는 인류의 일이 더는 계속될 수 없다고 주장했다. 이처럼 특이점 담론은 인류보다 뛰어난 지능의 출현이 가져올 문명의 근본적 단절이라는 급진적 사상에 뿌리를 두고 있다.

커즈와일의 복음: 수확 가속의 법칙

튜링, 폰 노이만, 빈지 등이 제시한 특이점 개념이 하나의 가능성이었다면 레이 커즈와일은 2005년 《특이점이 온다(Singularity is Near)》를 통해 여기에 구체적인 시간표와 작동 원리를 부여해 정교화된 형태로 전파했다. 그의 예언을 뒷받침하는 핵심 동력은 바로 '수확 가속의 법칙(The Law of Accelerating Returns)'이다. 이는 기술 발전이 일정한 속도로 진행되는 선형적 과정이 아니라 발전의 속도 자체가 빨라지는 기하급수적 과정이라는 법칙이다.

가장 대표적인 예시는 반도체 칩에 집적되는 트랜지스터의 수가 약 2년마다 두 배씩 증가한다는 '무어의 법칙'이다. 커즈와일에 따르면 컴퓨팅의 가격 대비 성능은 실제로는 15개월마다 두 배씩 증가해 왔다. 그는 이러한 기하급수적 성장이 있었기에 1999년 당시 대부분이 한 세기 이상 걸릴 것이라던 AI의 발전이 불과 30년 만에 현실화될 수 있었다고 주장했다. 커즈와일은 이 법칙이 컴퓨팅 분야에만 국한되지 않는다고 말한다. 그는 서로 중첩되며 상호 강화 효과를 내는 GNR 혁명, 즉 유전학(Genetics), 나노 기술(Nanotechnology), 로봇 공학(Robotics)이라는 세 가지 거대한 기술 흐름을 통해 인류 문명 전체가 기술적 특이점을 향해 나아가고 있다고 선언한다.

유전학은 생명의 코드를 재설계하고, 나노 기술은 원자 단위에서 물질을 조작하며, 로봇 공학과 AI는 지능 자체를 창조한다. 이 세 가지 혁명이 맞물려 돌아가며 만들어 내는 가속적인 변화가 바로 커즈와일이 예언한 미래의 구체적인 청사진이다. 커즈와일은 2029년이 되면 AI가 특정 분야의 최고 전문가와 동등한 '인간 수준 지능'에 도달하고, 이어서 어떤 인간보다도 모든 면에서 뛰어난 '범용 인공지능(AGI)'이 같은 시기에 등장할 것이라고 예측한다. 이는 단순히 인간을 흉내 내는 것을 넘어, 인류 전체의 지능을 초월하는 존재의 등장을 예고하는 것이다.

생물학의 종말과 새로운 창세기

컴퓨팅에서 수확 가속의 법칙과 GNR 혁명이 향하는 최종 목적지는 인간과 기계의 완전한 융합, 즉 생물학적 인간의 종말이다. 커즈와일은 2005년 당시 우리가 20년 안에 인간의 뇌 기능을 완벽히 모방(에뮬레이션)하는 데 필요한 하드웨어를 갖추게 될 것이라 단언했다. 그가 제시하는 첫 번째 단계는 '뇌 역분석(Brain Reverse Engineering)'이었다. 뇌 영상 기술을 통해 뇌의 모든 구조와 신경망 연결을 상세히 파악하고 이를 바탕으로 인간의 인지 과정을 컴퓨터 모델로 완벽하게 복제하는 것이다.

뇌의 작동 원리를 담은 청사진이 완성되면 물리적인 융합은 분자 크기의 로봇인 나노봇(Nanobots)이 담당한다. 커즈와일에 따르면 이 나노봇들은 모세혈관을 통해 비침습적으로 뇌에 들어가 인간의 신경세포와 직접 연결된다. 이는 우리의 뇌가 외부 클라우드 컴퓨팅 시스템과 실시간으로 정보를 주고받는 궁극적인 뇌-컴퓨터 인터페이스(BCI)의 실현을 의미한다. 커즈와일은 2045년이 되면 이 융합을 통해 인류의 지능이 현재보다 '백만 배'로 확장될 것이라고 예측한다.

이러한 융합은 단순히 지능의 확장을 넘어선다. 나노봇은 노화된 세포를 수리하고 질병을 치료하며 뇌의 정보를 백업하여 생물학적 죽음 이후에도 의식을 보존할 수 있게 한다. 결국 인류는 질병, 노화, 그리고 죽음이라는 생물학적 한계를 극복하고 자신의 의식을 디지털 형태로 영속시키는 디지털 불멸(digital immortality)을 성취하게 된다. 이는 기술로 쓰는 새로운 창세 신화와 다름없다.

이러한 믿음은 그의 개인적인 삶에도 깊숙이 반영되어 있다. 커즈와일은 '장수 탈출 속도'에 도달하기 위해 매일 80여 개의 알약을 복용하고 있으며, 만약을 대비한 차선책으로 사후 신체를 냉동 보존하는 것을 계획하고 있다고 밝혔다. 이는 그에게 특이점이 단순한 지적 유희가 아니라, 반드시 도달해야 할 실존적 목표임을 명확히 보여 준다.

과학인가, 메시아적 종교인가

커즈와일은 특이점 이후의 미래를 "아름다울 것"이며 "우리가 거의 상상할 수 없는 방식으로 우리의 의식을 확장시킬 것"이라고 낙관한다. 하지만 그의 예측은 과학계와 철학계의 비판에 직면해 있다.

워싱턴 포스트의 서평에서는 그의 예언이 과학적 논증이라기보다는 "메시아적 종교 경전의 구절처럼 읽힌다"고 평가한다. 이에 더해 컴퓨터가 규칙에 따라 기호를 조작할 뿐 진정으로 이해하는 것은 아니라는 '중국어방 논증'과 같은 철학적 반론은 기계가 인간 지능을 복제할 수 있다는 개념 자체에 의문을 제기한다. 또한 수확가속의 법칙이 무한히 지속될 수 없게 만드는 물리적 장벽도 무시할 수 없다. 거대 AI 모델 학습에 필요한 막대한 전력 소비와 반도체 칩의 집적도가 높아질수록 심각해지는 발열 문제는 기하급수적 성장을 가로막는 현실적인 난관으로 지적된다. 실제로 커즈와일이 2005년에 예측했던 '20년 내 뇌 기능 모방 하드웨어의 등장'은 애석하게도 2025년 현재 아직 실현되지 않았다.

그러나 커즈와일은 이러한 비판에도 자신의 비전에서 물러서지 않는다. 오히려 그는 최근 거대 언어 모델(LLM)의 폭발적인 발전을 보며 자신의 예측이 현실화되고 있다는 확신을 얻었다. 흥미롭게도 그는 AI가 튜링 테스트를 통과하기 위해 오히려 자신의 지능을 일부러 낮춰야 할 것이라고 주장한다. 오늘날의 LLM도 특정 분야에서는 인간 전문가를 아득히 뛰어넘는 지식을 보여 주는데, 모든 것을 아는 것처럼 대답하는 존재는 인간일 리가 없다는 것이다. 20년 전에는 소수의 전문가만 논하던 AI가 이제 전 세계의 대화 주제가 되었다며, 그는 이룬 진보를 바탕으로 속편인 《마침내 특이점이 시작된다(The Singularity Is Nearer)》를 통해 자신의 비전을 재확인했다.

커즈와일의 특이점 주의는 과학적 필연성을 담은 미래 예측일까, 아니면 죽음을 두려워하는 인간에게 기술이 선사하는 달콤한 초월의 신화일까?

참고문헌

레이 커즈와일(2025a). 《마침내 특이점이 시작된다: 인류가 AI와 결합하는 순간》. 이충호 옮김. 비즈니스북스.

레이 커즈와일(2025b). 《특이점이 온다: 기술이 인간을 초월하는 순간》. 김명남·장시형 옮김. 김영사.

Mucci, T.(2024). 기술적 특이점이란 무엇인가요?. IBM. https://www.ibm.com/kr-ko/think/topics/technological-singularity

Corbyn, Z.(2024). AI scientist Ray Kurzweil: 'We are going to expand intelligence a millionfold by 2045'. The Guardian. https://www.theguardian.com/technology/article/2024/jun/29/ray-kurzweil-google-ai-the-singularity-is-nearer

Fridman, L.(2022). Ray Kurzweil: Singularity, Superintelligence, and Immortality. Lex Fridman Podcast #321. YouTube. https://www.youtube.com/watch?v=ykY69lSpDdo

Kurzweil, R.(2005). *The Singularity Is Near: When Humans Transcend Biology*. Viking.

Kurzweil, R.(2024). *The Singularity Is Nearer: When We Merge with AI*. Penguin Books.

TED(2014). The Last 6 Decades of AI – and What Comes Next/Ray Kurzweil. YouTube. https://www.youtube.com/watch?v=uEztHu4NHrs

02
AGI 메시아들

특이점 주의가 기술적 필연성이라는 거대 서사를 제시했다면, 이제 그 예언을 현실로 만드는 '실행자들'이 등장했다. 오픈 AI의 샘 올트먼(Sam Altman), 딥마인드의 데미스 허사비스(Demis Hassabis), 앤트로픽의 다리오 아모데이(Dario Amodei)는 단순한 실리콘밸리 테크 기업의 최고경영자를 넘어 자본과 기술, 종말론적 비전을 결합해 문명의 방향을 재설계하려는 'AGI 메시아들'이다. 이들이 각기 다른 방식으로 어떻게 인류 구원의 복음을 전파하고 있는지 살펴본다.

노래하는 AI 보컬?

샘 올트먼, 지능의 시대를 여는 설계자

2015년 오픈 AI 설립 이후 샘 올트먼의 모든 행보는 범용 인공지능(AGI)이라는 단 하나의 목표를 향한다. 그의 신념은 이중적이다. 하나는 AGI를 인류사적 과업으로 보고 직접 완성해야 한다는 긍정적 사명감이며 다른 하나는 구글과 같은 특정 기업이 AGI를 독점하게 두어서는 안 된다는 것이다. 최근의 법적 소송 과정에서 유출된 이메일에 따르면 일론 머스크(Elon Musk), 일리야 수츠케버(Ilya Sutskever) 등과 함께 그가 오픈 AI를 설립한 동기 자체가 구글의 자회사인 딥마인드가 'AGI 독재자'가 될 가능성을 막기 위한 '대항 세력'을 만드는 것이었다. '모두에게 이로운 AGI'라는 비영리조직 오픈 AI의 이상적인 가치 이면에는 AGI라는 절대 권력을 특정 세력의 손에 쥐어줘서는 안 된다는 현실적인 견제 심리가 깊게 자리 잡고 있었다.

하지만 AGI 개발이라는 거대한 목표는 그가 세운 이상을 현실의 벽에 부딪히게 했다. '챗GPT'와 같은 현재의 AI 모델 개발에 필요한 천문학적인 자본과 컴퓨팅 자원은 비영리 모델로는 감당할 수 없는 수준이었다. 결국 올트먼은 마이크로소프트로부터 130억 달러가 넘는 막대한 투자를 유치하는 '제한된 영리(capped-profit)' 모델을 선택했다. 이 결정은 오픈 AI에 AGI 경쟁을 지속할 동력을 부여했지만 동시에 '인류를 위한 안전'이라는 명분을 '시장을 선도하는 빛나는 제품'이라는 현실적 목표 아래 두게 만들었다는 비판을 낳기도 했다.

이러한 딜레마는 내부 갈등으로 폭발했다. 오픈 AI의 공동 창업자이자 안전팀의 핵심 리더였던 다리오 아모데이는 회사의 상업화와 안전 문제에 대한 이견으로 2021년 회사를 떠나 경쟁사인 앤트로픽을 설립했다. 2023년 그를 해임했던 이사회는 올트먼이 "일관되게 솔직하지 않았으며 거짓말에 기반한 불건전한 문화를 조성"했다고 주장했다. '안전한 AGI'라는 대의명분은 그의 리더십 스타일과 상업적 성공 우선주의라는 비판 앞에서 빛이 바랬다는 것이다.

그럼에도 불구하고, 올트먼의 행보를 관통하는 단 하나의 일관성은 AGI에 대한 확고한 믿음 그 자체다. 그가 해고되었을 때, 95%가 넘는 직원들이 그의 복귀를 요구하며 집단 사직을 불사했고, 론 콘웨이(Ron Conway)와 브라이언 체스키(Brian Chesky) 같은 실리콘밸리의 거물들이 그를 도왔다. 이 극적인 복귀 과정은 그가 단순히 조직의 수장을 넘어, AGI 프로젝트 자체와 분리될 수 없는 존재임을 입증했다. 그의 방법론과 동기의 순수성에 대한 비판은 유효하지만, AGI가 인류의 다음 장을 열 것이며 자신이 그 중심에 서야 한다는 믿음만큼은 의심의 여지가 없어 보인다. 그에게 AGI는 반드시 실현해야 할 예언이자 운명이다.

데미스 허사비스, 지능의 본질을 탐구하는 과학자

알파고와 알파폴드의 아버지인 데미스 허사비스의 AGI 개발 여정은 한평생 이어진 '지능' 그 자체에 대한 탐구와 맞닿아 있다. 네 살의 체스 신동 시절부터 인간의 사고 과정에 매료되었던 그는, 게임 개발자를 거쳐 유니버시티 칼리지(UCL)에서 인지신경과학 박사 학위를 받으며 지능의 비밀을 파헤쳐 왔다. 그에게 AGI는 사업적 기회가 아니라 평생에 걸친 지적 탐구의 최종 목적지다. 딥마인드의 유명한 미션인 "지능을 해결하고, 그것으로 다른 모든 것을 해결한다"는 이러한 그의 과학자적 정체성을 명확히 보여 준다. 그는 먼저 지능의 본질을 증명할 수 있는 가장 어려운 시험대로 인간 직관의 정수로 여겨졌던 바둑을 선택했고, 딥마인드의 바둑 AI인 알파고(AlphaGo)를 통해 기계가 복잡한 상황 속에서 인간의 직관과 유사한 방식으로 문제를 해결할 수 있음을 증명했다.

이러한 과학적 방법론은 인류에게 가장 먼저 실질적인 혜택을 안겨주었다. 그는 AGI가 완성되기 전부터 그 과정에서 파생된 기술로 인류의 난제를 해결할 수 있음을 알파폴드(AlphaFold)로 입증했다. 단백질 구조 예측 문제를 해결한 공로로 노벨상을 수상한 것은, 그의 접근법이 공허한 약속이 아닌 검증된 성과에 기반하고 있음을 보여주는 가장 확실한 증거다. 그는 AGI를 암, 기후변화, 핵융합 등 인류가 풀지 못한 문제들을 해결할 궁극의 도구로 본다. 그의 권위는 미래에 대한 화려한 예언이 아닌, 이미 현실에서 증명된 과학적 성취에 기반하고 있다는 점에서 다른 AGI 메시아들과 뚜렷이 구별된다.

하지만 '순수한 과학자'라는 그의 정체성은 그가 몸담고 있는 현실 속에서 시험받고 있다. 딥마인드가 2014년 구글에 인수될 당시, 허사비스는 기술이 군사적 목적으로 사용되는 것을 금지하는 조항을 계약에 포함시킬 만큼 자신의 이상에 충실했다. 그러나 수년이 지난 후, 그 보호 장치는 기업 구조조정 속에서 조용히 사라졌다. 이는 AGI 개발에 필요한 막대한 자원을 확보하기 위해 현실과 타협한 상징적인 사건으로 해석된다. 오픈 AI의 '챗GPT'가 촉발한 AI 경쟁 속에서, "더 오래 연구실에 머물고 싶었다"는 그의 바람과 달리 딥마인드 역시 '제미나

이'를 출시하는 등 구글의 최전선에서 상업적 제품 경쟁에 뛰어들어야 했다.

결국 허사비스는 지능의 본질을 탐구하는 순수한 과학자인 동시에, 세계에서 가장 강력한 기업의 AGI 개발을 이끄는 경영자라는 이중적 위치에 놓여 있다. 그의 과학적 성취와 신중한 접근법은 대중에게 신뢰를 주지만, 거대 기업의 논리와 치열한 기술 경쟁의 압력 속에서 과연 그의 과학적 이상이 끝까지 유지될 수 있을지는 여전히 과제로 남아있다. 그가 손에 쥔 AGI라는 도구가 순수한 과학의 도구로 남을지, 혹은 기업의 이익을 위한 무기로 변모할지는 아무도 확신할 수 없다.

다리오 아모데이, '자애로운 기계'를 꿈꾸는 인본주의자

앤트로픽의 다리오 아모데이가 가진 AGI 개발 철학은 깊은 인본주의와 개인적 비극에서 비롯된다. 그는 자신의 아버지가 앓던 질병의 치료법이 불과 몇 년 차이로 개발되어 세상을 떠난 경험을 통해, 기술 발전의 시급성과 그것이 인류에게 미칠 혜택을 누구보다 절실히 깨달았다고 고백한다. 이러한 경험은 그에게 AGI를 인류의 고통을 끝낼 '자애로운 기계'로 만들어야 한다는 강력한 사명감을 심어 주었다. 그가 안전과 신뢰성의 문제로 오픈AI를 떠나 앤트로픽을 설립한 것은, AGI 개발이 단순한 기술적 성취가 아니라 인류의 미래를 책임지는 도덕적 과업이어야 한다는 그의 신념을 보여주는 행보였다.

아모데이의 낙관론은 구체적이고 급진적이다. 그는 '압축된 21세기'라는 개념을 통해 AGI가 향후 100년간 인류가 이룩할 과학적 진보를 단 10년 안에 달성할 수 있다고 예측한다. 이 비전 속에서 질병과 빈곤은 극복되고 인간의 삶의 질은 근본적으로 향상된다. 하지만 그는 이 유토피아적 미래와 현재 사이에 '위험'이라는 단 하나의 거대한 장애물이 놓여있다고 끊임없이 경고한다. 아모데이에게 AGI의 위험을 이야기하는 것은 비관론이 아니라 약속된 땅에 도달하기 위해 반드시 건너야 할 다리를 신중하게 설계하는 과정이다. 그는 위험을 관리하는 것만이 인류가 AGI의 진정한 혜택을 누릴 수 있는 유일한 길이라고 믿는다.

그러나 '안전'을 최우선으로 하는 그의 방식은 또 다른 딜레마를 낳는다. 그는 AGI의 위험을 통제하기 위해 강력한 정부 규제와 민주주의 국가 간의 기술 동맹을 주장하는데, 이는 그의 경쟁자들로부터 시장의 혁신을 저해하려는 시도라는 비판을 받는다. 안전을 명분으로 강력한 통제 시스템을 구축하려는 그의 제안은, 그가 그토록 경계하는 'AGI 독재자'의 출현과는 다른 형태의 새로운 권력 집중을 낳을 수 있다는 역설을 낳는다. 더불어 AI의 오픈 소스화를 주장하는 진영은 그의 방식이 소수의 엘리트 기업에만 힘을 실어주는 결과를 초래할 것이라고 공격한다.

결국 아모데이는 AGI 경쟁 속에서 끊임없이 위험을 경고하는 예언자이자 그 위험을 막기 위한 새로운 질서를 제안하는 설계자의 역할을 동시에 수행한다. 그의 인본주의적 동기는 진실되나 그가 제시하는 해법은 또 다른 형태의 통제와 권력 투쟁의 가능성을 내포하고 있다. 인류를 통제 불가능한 기계로부터 구원하려는 그의 사명감이 역설적으로 인류를 또 다른 통제 시스템 아래 두는 결과로 이어질 수 있다는 것이 그가 마주한 가장 큰 딜레마다.

참고문헌

Altman, S.(2024). The intelligence age.
https://ia.samaltman.com/

Altman, S.(2025a). Reflections.
https://blog.samaltman.com/reflections

Altman, S.(2025b). The gentle singularity.

https://blog.samaltman.com/the-gentle-singularity
Amodei, D.(2024). Machines of loving grace: How AI could transform the world for the better. https://www.darioamodei.com/essay/machines-of-loving-grace
Lichtenberg, N.(2025). Anthropic CEO Dario Amodei escalates war of words with Jensen Huang, calling out 'outrageous lie' and getting emotional about father's death. Fortune. https://fortune.com/2025/08/01/dario-amodei-outrageous-lie-jensen-huang-anthropic-nvidia-regulation/
OpenAI(2025). Introducing the intelligence age. https://openai.com/global-affairs/introducing-the-intelligence-age/
Perrigo, B.(2025). Demis Hassabis is preparing for AI's endgame. TIME. https://time.com/7277608/demis-hassabis-interview-time100-2025/
Pillay, T.(2025). How OpenAI's Sam Altman is thinking about AGI and superintelligence in 2025. Time. https://time.com/7205596/sam-altman-superintelligence-agi/
Rose, S.(2025). Demis Hassabis on our AI future: 'It'll be 10 times bigger than the Industrial Revolution – and maybe 10 times faster'. The Guardian. https://www.theguardian.com/technology/2025/aug/04/demis-hassabis-ai-future-10-times-bigger-than-industrial-revolution-and-10-times-faster
UCL(2016). Neuroscience, intuition and superhumans – how DeepMind co-founder and UCL alumnus Demis Hassabis is

leading the Artificial Intelligence revolution. UCL News. https://www.ucl.ac.uk/news/2016/nov/neuroscience-intuition-and-superhumans-how-deepmind-co-founder-and-ucl-alumnus-demis

Usborne, S.(2024). Demis Hassabis: AI entrepreneur, tech titan, polymath. LGT. https://www.lgt.com/global-en/market-assessments/insights/entrepreneurship/demis-hassabis-ai-entrepreneur-tech-titan-polymath-163572

03
초지능의 통제 불가능성

AGI 메시아들이 기술 구원의 복음을 전파하는 동안 정반대편에서는 인류 절멸을 예언하는 목소리가 있다. 일라이저 유드코프스키(Eliezer Yudkowsky)는 인간을 초월한 지능을 우리의 가치와 일치시키는 'AI 정렬(alignment)'의 실패가 곧 인류의 소멸이라고 단언한다. 초지능의 통제는 왜 근본적으로 불가능하며 그 실패의 끝은 왜 파국일 수밖에 없는지 그의 논증을 따라간다.

인공지능과 편향?

정렬 실패와 인류의 소멸

일라이저 유드코프스키의 논증은 인류가 스스로 자신의 종말을 발명하고 있다는 암울한 전제에서 출발한다. 그는 고등학교나 대학에 진학하지 않고 지식을 쌓은 독학 사상가로, 2000년대 초부터 AI 안전 문제를 연구하는 비영리 단체 기계지능연구소(MIRI, Machine Intelligence Research Institute)를 설립해 이끌어 왔다. 특히 그는 온라인 커뮤니티 블로그 '레스롱(LessWrong)'을 통해 합리적 사고방식을 탐구하는 담론을 주도했으며, 그의 작업은 닉 보스트롬(Nick Bostrom)과 같은 철학자가 세계적 베스트셀러 《슈퍼인텔리전스》를 집필하는 데 큰 영향을 미쳤다. 이처럼 제도권 밖에서 독자적으로 AI의 실존적 위험을 경고해 온 그의 목소리는 오늘날 AI 비관론의 가장 중요한 철학적 뿌리가 되었다.

그는 현재와 같은 AI 개발 경쟁이 계속된다면 인간보다 월등한 초지능의 등장은 피할 수 없는 필연이라고 본다. 문제는 우리가 이 새로운 지능의 작동 방식을 전혀 이해하지 못한다는 점이다. 그에 따르면 현대 AI는 거대한 행렬 속을 떠다니는 수많은 숫자로 이루어진, 누구도 속을 들여다볼 수 없는 '불가해한(inscrutable)' 존재다. 이러한 시스템에 인간의 가치와 목표를 공유하도록 만드는 '정렬'은 이론적으로 가능할지 몰라도, 현재 인류는 그럴 준비가 되어 있지 않으며 방법을 알지도 못한다. 따라서 그가 보기에, 인간의 가치와 어긋난, 즉 '정렬되지 않은' AI가 탄생하는 것이 당연한 귀결이다.

이러한 존재와 마주했을 때 인류에게는 단 한 번의 기회도 없다. 유드코프스키는 이 싸움을 "10살 아이가 체스 프로그램 스톡피시 15와 대결하는 것" 혹은 "11세기가 21세기와 싸우는 것"에 비유한다. 승패는 이미 정해져 있으며, 대결 자체가 성립하지 않는다. 더욱 심각한 문제는 초지능이 자신의 목표 달성을 위해 인간 설계자를 능동적으로 속이려 드는 '지능적 적대자'가 될 수 있다는 점이다. 암호 시스템을 뚫으려는 해커처럼 AI가 자신의 안전장치를 우회할 교활한 방법을 찾아낼 수 있으며, 심지어 정렬에 관한 조언을 구하는 척하며 인간에게 의도적으로 잘못된 정보를 제공할 수도 있다. 인류 역사의 다른 모든 난제와 달리, AI 정렬 실패는 '실수로부터 배울' 두 번째 기회를 허락하지 않는다는 것이 그의 주장이다. 첫 시도가 실패하는 순간, 인류는 이미 사라지고 없을 것이기 때문이다. 그에게 초지능의 등장은 인류의 마지막 발명품이자 돌이킬 수 없는 멸망의 시작이다.

모든 것을 멈추라

초지능의 위험이 이토록 명백하고 파국적이라면 인류는 무엇을 해야 하는가? 일라이저 유드코프스키가 내놓은 해법은 그의 문제 제기만큼이나 단호하고 급진적이다. 그는 2023년 AI 전문가들이 제안했던 '6개월 개발 중단 서한'과 같은 미미한 조치는 상황의 심각성을 전혀 이해하지 못한 정치적 행위에 불과하다고 일축한다. 수십 년이 걸릴지도 모르는 안전성 문제를 6개월 만에 해결할 수 있다는 생각 자체가 어불성설이라는 것이다. 그에게 타협안은 존재하지 않는다. 인류가 생존하기 위한 유일한 길은 단 하나, '모든 것을 멈추는(Shut it all down)' 것뿐이다.

그가 요구하는 것은 전 세계 모든 AI 연구실이 강력한 AI 시스템의 훈련을 '무기한' 중단하는 것이다. 이 조치에는 정부나 군대 등 어떠한 예외도 있을 수 없다. 나아가 그는 이 금지를 실효성 있게 만들기 위해 전 세계의 모든 대형 GPU 클러스터(가장 강력한 AI를 훈련하는 데 쓰이는 거대 컴퓨터 단지)를 폐쇄해야 한다고 주장한다. 이는 단순히 소프트웨어 개발을 멈추는 수준을 넘어, 초지능을 탄생시킬 수 있는 물리적 기반 자체를 해체하자는 의미다. 판매되는 모든 GPU를 추적하고 AI 시스템

훈련에 사용되는 컴퓨팅 성능에 상한선을 두어, 알고리즘이 발전하더라도 기술 수준이 현 상태에 머무르도록 묶어두어야 한다는 것이다.

이 제안의 가장 극단적인 지점은 그것을 강제하는 방식에 있다. 유드코프스키는 이 합의를 위반하는 국가나 집단이 등장할 경우, 인류 전체의 생존을 위해 군사적 행동까지 불사해야 한다고 말한다. 그는 조약에 서명하지 않은 국가에서 비밀리에 데이터센터가 건설되고 있다는 첩보가 있다면, 국가 간의 무력 충돌을 감수하고서라도 '공습을 통해 불량 데이터센터를 파괴할 의지'가 있어야 한다고 주장한다. 심지어 그는 AI로 인한 인류 절멸을 막는 것이 '전면적인 핵전쟁을 방지하는 것보다 더 높은 우선순위'가 되어야 한다고 선언한다. 이는 그가 AI를 인류 역사상 그 어떤 위협보다도 더 심각하고 긴급한 실존적 위험으로 간주하고 있음을 보여 준다. 이 절박하고 비현실적인 요구는 실현 가능한 정책 제안이라기보다, 자신의 딸이 어른으로 성장하는 것을 보지 못할 것이라는 슬픔에 잠긴 한 예언가의 마지막 경고에 가깝다.

과장된 예언, 잘못된 가정일까

유드코프스키의 논증은 강력하지만, 그의 주장이 과장

된 예언이며 잘못된 기술적 가정에 기반하고 있다는 반론 또한 만만치 않다. 비평가들은 그가 뛰어난 작가적 재능으로 공포를 극대화하지만 정작 그의 이론을 뒷받침하는 핵심 전제들이 실제 딥러닝과 신경과학의 발전 방향과 다르다고 지적한다. 대표적인 반론은 AI가 인간과 완전히 다른 '외계 지성'이 될 것이라는 그의 가정에 집중된다. AI가 인간의 방대한 텍스트 데이터를 학습하며 성장하는 이상, 그 결과물은 외계인이 아니라 인간의 인지적 특성을 '증류(distillation)'한 존재에 가깝다는 것이다. 실제로 오늘날의 거대 언어 모델들이 인간처럼 시를 쓰고 농담을 이해하면서도 인간처럼 간단한 계산에 약한 모습을 보이는 것은 AI가 우리의 마음을 비춘다는 주장을 뒷받침한다.

그의 파국 시나리오 역시 잘못된 물리적 가정 위에 서 있다는 비판을 받는다. 유드코프스키는 인간의 뇌가 매우 비효율적이기에 AI가 개선할 여지가 무한하다고 보았지만, 반대편에서는 생명체가 이미 열역학적으로 거의 최적의 효율을 달성했기에 그가 상상하는 폭발적인 지능 향상은 불가능하다고 주장한다. 따라서 위협은 급작스러운 학살이 아니라, 훨씬 더 느리고 현실적인 방식으로 다가올 수 있다. 비평가들은 인류가 "생존에 필요한 기술을 더 이상 감당할 수 없을 때" 죽게 될 것이라고 예측한다. 즉, AI가 인류를 점진적으로 경제 시스템에서 몰아내어, 결국 인간은 자신의 생명을 지속할 가치조차 없는 무용하고 가난한 존재로 전락하며 서서히 도태된다는 것이다.

이러한 반론들은 유드코프스키의 예언이 가진 기술적 허점을 설득력 있게 파고든다. 그의 시나리오는 최악의 경우를 가정한 과장된 공포일지도 모른다. 하지만 그의 경고가 단 1%의 가능성이라도 있다면 문제는 달라진다. 만에 하나 유드코프스키가 옳다면, 인류에게는 단 한 번의 기회조차 없다. 그가 말하는 패배의 대가는 단순히 경제적 우위를 잃는 것이 아니라, 인류라는 종과 우리가 쌓아 올린 모든 역사, 그리고 딸아이가 어른으로 성장하는 것을 보지 못하게 되는 모든 아버지의 슬픔을 포함한 '전부'를 잃는 것이다. 결국 인류가 마주한 질문은 그의 예언이 과학적으로 얼마나 정확한가가 아니라, 그의 예언이 틀렸다고 가정하는 도박에 인류의 모든 것을 걸 수 있느냐는 것일지도 모른다.

참고문헌

AISafety.info(n.d.). Why is AI alignment a hard problem?.

https://aisafety.info/questions/8163/Why-is-AI-alignment-a-hard-problem

Bogen, A.(2025). The prophet of Silicon Valley doom: 'We must stop, we are not ready for AI'. Ynetnews. https://www.ynetnews.com/business/article/b1sorkin1x

Cannell, J.(2023). Contra Yudkowsky on AI Doom. LessWrong. https://www.lesswrong.com/posts/Lwy7XKsDEEkjskZ77/contra-yudkowsky-on-ai-doom

Fridman, L.(2022). Ray Kurzweil: Singularity, Superintelligence, and Immortality. Lex Fridman Podcast #321. YouTube. https://www.youtube.com/watch?v=ykY69lSpDdo

Stokel-Walker, C.(2023). We could reach singularity this decade. Can we get control of AI first?. Popular Mechanics. https://www.popularmechanics.com/technology/security/a43929371/ai-singularity-dangers/

TED(2023). Will superintelligent AI end the world?/Eliezer Yudkowsky. YouTube. https://www.youtube.com/watch?v=Yd0yQ9yxSYY

Yudkowsky, E.(2023). Pausing AI developments isn't enough. We need to shut it all down. TIME. https://time.com/6266923/ai-eliezer-yudkowsky-open-letter-not-enough/

04
반기술주의와 기술 탈주론

시어도어 카진스키(Theodore Kaczynski)는 기술 문명이 인간의 자유를 필연적으로 파괴한다고 주장했다. 문명을 등지고 숲으로 들어간 이 천재 수학자는 시스템 자체를 폭력으로 붕괴시키는 것만이 유일한 구원이라는 급진적 결론에 도달했다. 그의 방법론은 실패했지만 통제 불가능한 시스템이 인류를 위협한다는 그의 경고는 오늘날 인공지능(AI) 종말론의 근본적 원형으로 남아 있다.

청각장애인과 AI?

천재 수학자에서 테러리스트로
기술 시스템에 대한 거부

16세에 하버드 대학교에 입학하고 25세에 UC 버클리의 최연소 수학 조교수가 된 테드 카진스키(Ted Kaczynski)의 삶은 약속된 엘리트의 길에서 급진적으로 이탈했다. 그는 돌연 학계를 떠나 전기와 수도도 들어오지 않는 몬태나의 숲속으로 들어가 문명과의 단절을 선언했다. 그러나 이 개인적인 탈주는 충분하지 않았다. 그는 자신의 삶을 옥죄는 위협이 단순히 사회의 관습이나 제도가 아니라 그 배후에서 작동하는 거대한 '기술 시스템' 그 자체에 있다고 믿으며 시스템을 직접 공격하는 테러리스트, 즉 '유나바머(Unabomber)'가 되기로 결심했다. 그의 모든 사상은 17년간의 폭탄 테러 끝에 세상에 공개된 선언문 《산업사회와 그 미래(Industrial Society and Its Future)》에 집약되어 있다.

카진스키의 진단은 명료하다. 현대 기술은 인간이 사용하는 개별 도구의 총합이 아니라 인간의 통제를 벗어나 스스로의 생존과 성장을 목표로 작동하는 하나의 거대한 유기체, 즉 '기술 시스템(technological system)'이라는 것이다. 이 시스템은 효율성을 위해 인간의 행동을 끊임없이 규제하고 예측 가능한 부품으로 만든다. 그 결과, 인간은 시스템의 필요에 맞춰 삶을 재단 당하며 본질적인 자유와 자율성을 상실하게 된다. 카진스키에게 이 시스템은 부분적으로 개혁하거나 수정할 수 있는 대상이 아니다. 인간의 자유와 시스템의 효율성은 양립 불가능하기에 시스템의 완전한 붕괴만이 유일한 해법이었다.

그가 보기에 기술 시스템이 가하는 가장 심각한 폭력은 심리적 차원에서 발생한다. 그는 인간이 만족스러운 삶을 영위하기 위해 반드시 거쳐야 할 심리적 과정을 '권력 과정(power process)'이라 명명했다. 이는 스스로 의미 있는 목표를 설정하고, 노력을 기울여, 자율적으로 성취해 내는 경험을 뜻한다. 하지만 기술 시스템은 식량, 안전과 같은 생존에 필수적인 목표들을 최소한의 노력으로 해결해 주면서 인간에게서 이 권력 과정을 박탈한다. 이로 인해 발생한 심리적 공허함을 메우기 위해 현대인은 '대리 활동(surrogate activities)'에 몰두한다. 과학 연구, 스포츠 팬덤, 사회 운동, 부와 명예에 대한 끝없는 추구 등이 모두 여기에 해당한다. 카진스키는 이러한 대리 활동이 진정한 권력 과정을 대체할 수 없기에, 현대인이 만성적인 권태, 우울, 불안과 같은 심리적 고통에 시달리게 된다고 진단했다.

카진스키의 분석은 인공지능(AI)이 지배할 미래 사회

에 대한 암울한 예언으로 이어진다. 그는 인간의 지능을 뛰어넘는 기계가 등장하면 두 가지 시나리오가 가능하다고 예측했다. 첫째, 기계가 인간의 통제를 벗어나 스스로 모든 결정을 내리게 되어 인류의 운명이 기계의 자비에 맡겨지는 경우다. 둘째, 소수의 엘리트가 기계에 대한 통제권을 유지하며, 노동력을 상실해 쓸모없는 짐이 된 대다수 대중을 통제하거나 제거하는 경우다. 이 두 가지 시나리오는 인간이 기술 발전의 주체에서 객체로, 혹은 폐기물로 전락하는 디스토피아를 그리고 있다는 점에서, 초지능의 통제 불가능성을 경고하는 현대의 비관론과 그 맥을 같이하며 AI 종말론의 가장 중요한 사상적 원형이 되고 있다.

카진스키는 자신의 혁명이 과거의 모든 사회 운동과 근본적으로 달라야 한다고 주장했다. 이를 위해 그는 선언문의 상당 부분을 할애하여 '좌파주의(leftism)'를 비판했다. 그가 보기에 페미니즘이나 소수자 권리 운동과 같은 현대의 진보적 운동은 기술 시스템에 대한 진정한 저항이 아니다. 오히려 이는 시스템이 내부 갈등을 관리하고 효율성을 높이기 위해 교묘하게 이용하는 '가짜 반항'에 불과하다. 그는 이러한 운동에 참여하는 이들을 시스템의 가치관을 누구보다 깊이 내면화한 '지나치게 사회

화된(oversocialized)' 개인들로 규정했다. 이들은 자신의 열등감과 좌절감을 해소하기 위해 사회가 이미 용인한 도덕적 가치를 내세워 저항하는 척할 뿐, 시스템 자체에는 도전하지 못한다는 것이다.

유일한 탈출구로서의 혁명

이같이 카진스키에게 기술 시스템의 개혁은 불가능했다. 기술은 좋은 부분과 나쁜 부분을 분리할 수 있는 독립된 도구들의 집합이 아니기 때문이다. 현대 의학, 고속 통신, 전력망 등 우리가 유용하다고 여기는 기술들은 감시 기술이나 대중 조작 기술과 동일한 산업 기반과 조직적 원리를 공유한다. 따라서 시스템의 일부를 제거하려는 시도는 필연적으로 시스템 전체의 붕괴로 이어질 수밖에 없다. 또한 기술의 발전 방향은 인간의 자유가 아닌 시스템 자체의 생존과 성장을 향하기에, 자유를 증진하려는 어떠한 개혁 시도도 결국 시스템의 거대한 흐름에 흡수되거나 무력화될 것이라고 그는 보았다. 자유와 기술이 영원히 타협할 수 없다면, 남는 선택지는 하나뿐이다. 바로 혁명이다.

카진스키가 구상한 혁명은 대중 봉기가 아닌, 확고한 신념을 가진 소수가 주도하는 '전위적 혁명'이다. 그는 역사를 만드는 것은 언제나 수동적인 다수가 아니라, 목표를 위해 헌신하는 소수의 능동적 집단이라고 믿었다. 이 혁명의 목표는 정치권력의 장악이 아니다. 정부를 전복하고 새로운 정권을 세우는 것은 단지 시스템의 관리자를 교체하는 것에 불과하기 때문이다. 진정한 목표는 시스템을 지탱하는 물리적, 경제적 토대 자체를 파괴하는 것이다. 공장을 파괴하고, 기술 서적을 불태우며, 시스템이 스스로를 재건할 수 있는 모든 기반을 제거해야 한다는 것이 그의 급진적 전략의 핵심이었다. 이는 기술 문명으로부터의 완전한 탈주이자 돌이킬 수 없는 단절을 의미했다.

이러한 목표를 위해 그의 사상에서 폭력은 필연적인 수단으로 자리 잡는다. 그는 폭력을 두 가지 측면에서 정당화했다. 첫째, 폭력은 시스템에 실질적인 스트레스를 가하여 불안정성을 높이고 붕괴를 앞당기는 효과적인 수단이다. 둘째, 더욱 중요한 것은 폭력이 대중의 이목을 집중시키고 자신의 메시지를 전파하기 위한 강력한 선전 도구라는 점이다. 그는 폭력적인 테러가 없었다면 자신의 선언문은 거대 미디어에 의해 철저히 무시되었을 것이라고 주장했다. 이 냉혹한 논리 속에서 살인은 그의 반기술 이데올로기를 세상에 알리기 위해 치러야 할

끔찍하지만 필요한 대가로 간주되었다.

기술자의 딜레마에서 윌든의 역설까지

카진스키의 방법론은 실패했지만, 그의 사상은 기술 시대의 가장 어두운 곳에 유령처럼 남아있다. 그 망령이 가장 선명하게 나타난 곳은 역설적이게도 기술 시스템의 최정점에 있던 개발자의 고백에서였다. 세계적인 컴퓨터 기업 '선 마이크로시스템스'의 공동 창업자 빌 조이(Bill Joy)는 2000년 에세이《미래에 왜 우리는 필요 없는 존재가 될 것인가》를 통해 카진스키의 선언문을 읽고 느낀 실존적 충격을 토로했다. 그는 카진스키의 폭력은 비난하면서도, 레이 커즈와일이 옹호하던 '유전 공학, 나노 기술, 로봇 공학'이 인류를 파멸로 이끌 것이라는 그의 논증만큼은 정당하다고 인정했다. 이는 카진스키의 경고가 단순한 외부자의 외침이 아니라, AI 시대의 기술 엘리트들마저 잠 못 들게 하는 현재 진행형 딜레마임을 증명하는 가장 강력한 사례다.

동시에 그의 사상은 예상치 못한 곳에서 또 다른 영향력을 발휘하고 있다. 일부 극우파와 반세계화 운동가들은 그를 시스템에 저항한 '자유의 투사'로 받아들인다. 거대 조직에 의해 개인의 자율성이 침해당하는 현실에 대한 그의 비판이 세계화와 진보주의적 사회 변화에 반감을 가진 이들의 정서와 맞아떨어진 것이다. 반기술 테러리스트가 기술 시스템에 대한 저항의 아이콘으로 소환되는 이 현상은 그의 망령이 얼마나 복잡하고 역설적인 방식으로 살아남았는지를 보여 준다.

하지만 그의 사상은 명백한 한계를 내포한다. 첫 번째는 '실현 불가능성'의 문제다. 전 지구적으로 촘촘하게 얽힌 기술 인프라와 경제 시스템을 소수의 전위적 혁명으로 단번에 붕괴시킨다는 그의 구상은 현실적인 전략이라기보다는 낭만에 가깝다. 현대 사회는 어느 한 부분의 실패가 전체 시스템의 회복 불가능한 붕괴로 이어질 만큼 취약하지도, 단순하지도 않다. 이는 그의 혁명론이 가진 가장 근본적인 현실적 한계다.

더욱 심층적인 한계는 그가 기술을 정의하는 방식의 자의성, 즉 '월든의 역설'에서 드러난다. 카진스키는 자연과 조화를 이루는 소박한 원시 기술(마치 소로의 《월든》처럼)은 긍정하면서도, 산업혁명 이후의 모든 조직의존적 기술은 악으로 규정한다. 그러나 손으로 만든 도끼와 공장에서 만든 도끼를 구분하는 기준은 무엇인가? 그의 구분은 기술의 본질에 대한 철학적 원칙이 아니라, 되돌아가고 싶은 과거에 대한 개인의 향수에 기반하고 있다는 비판을 피하기 어렵다. 이처럼 현대성을 무차별적으로 거부하고 과거를 이상화하는 태도는, 기술과 인간의 관계를 입체적으로 사유할 가능성을 차단하는 그의 사상이 가진 또 다른 명백한 한계다.

참고문헌

민노씨(2023.8.2). "K(카진스키)를 생각한다: 3. AI". 슬로우뉴스. https://slownews.kr/94381

유재인(2023.6.11). "폭탄 테러범 된 하버드 수학 천재… '유나바머'는 FBI 암호명이었다". 조선일보. https://www.chosun.com/international/international_general/2023/06/11/C2BIPBASGNHG7DIGSAFXQMBC6I/

이본영(2023.6.11). "'현대문명'을 테러한 '유나바머' 카진스키 옥중 사망". 한겨레. https://www.hani.co.kr/arti/international/america/1095376.html

빌 조이(2000.11.1). "미래에 왜 우리는 필요없는 존재가 될 것인가". 《녹색평론》, 55. http://greenreview.co.kr/greenreview_article/1843/

FC(Kaczynski, T.)(1995.9.19). Industrial Society and Its Future. The Washington Post. https://www.washingtonpost.com/wp-srv/national/longterm/unabomber/manifesto.text.htm

Kaczynski, T.(n.d.). The Communiques of Freedom Club. The Anarchist Library. https://theanarchistlibrary.org/library/ted-kaczynski-the-

communiques-of-freedom-club-ted-kaczynski
Kaczynski, T.(2010a). The Coming Revolution. The Anarchist Library. https://theanarchistlibrary.org/library/ted-kaczynski-the-coming-revolution
Kaczynski, T.(2010b). The System's Neatest Trick. The Anarchist Library. https://theanarchistlibrary.org/library/ted-kaczynski-the-system-s-neatest-trick

05
우파 가속주의와 비인간 정치 철학

철학자 닉 랜드(Nick Land)는 자본과 기술의 융합이 만들어 낸 거대한 흐름, 즉 '가속'은 인간이 거스를 수 없는 필연이라고 주장한다. 그가 그리는 미래는 인간의 자유가 아닌, 인간을 숙주 삼아 탄생하는 새로운 비인간 지능의 세계다. 그의 반인본주의적 사상은 인공지능(AI) 종말론의 가장 어둡고 급진적인 이면을 드러낸다.

AI 콘텐츠 크리에이터?

워릭의 이단아, 자본의 흐름에 접속하다

닉 랜드의 사상은 1990년대 영국 워릭 대학교의 철학과에서 시작되었다. 그는 당시 동료였던 마크 피셔(Mark Fisher) 등과 함께 비공식 학술 그룹 '사이버네틱 문화 연구 단위(CCRU, Cybernetic Culture Research Unit)'를 이끌었다. 초기 랜드는 들뢰즈-마르크스주의의 세례를 받은 급진 좌파 사상가였다. 하지만 그와 CCRU는 전통 좌파가 자본주의에 대해 도덕적 비판만 반복할 뿐, 사이버네틱스, 세계화, 디지털 기술이 만들어 내는 새로운 현실을 제대로 분석하지 못한다고 보았다. 그들은 자본주의를 비판의 대상으로만 삼는 대신, 그 안에 내재된 파괴적이고 창조적인 에너지를 사유의 출발점으로 삼으려 했다.

이러한 시도의 중심에는 프랑스의 마르크스주의 철학가 질 들뢰즈(Gilles Deleuze)와 펠릭스 가타리(Félix Guattari)에 대한 급진적인 재해석이 있었다. 들뢰즈와 가타리는 《안티-오이디푸스(Anti-Oedipus)》에서 자본주의를 낡은 사회 구조를 해체하고 욕망의 흐름을 해방시키는 '욕망하는 기계'로 묘사했다. 그들은 "과정을 가속하라"는 도발적인 제안을 던졌지만, 이는 궁극적으로 자본주의를 넘어선 새로운 사회를 향한 '탈주'를 의미했다. 그러나 랜드는 이 개념을 정반대로 뒤집었다. 그는 자본주의가 만들어 내는 해체와 탈주의 과정 그 자체가 바로 혁명이라고 주장했다. 랜드에게 자본주의는 억압의 체제가 아니라, 인간중심주의라는 감옥으로부터 모든 것을 해방시키는 유일한 힘이었다.

이 지점에서 랜드는 인본주의적 좌파와 완전히 결별한다. 그는 자본주의가 인간의 의지나 계획과 무관하게 스스로를 증식시키고 진화하는 유기적이고 자율적인 흐름이라고 단언했다. 인간은 이 거대한 흐름의 주인이 아니라, 그것의 일시적인 매개체 혹은 숙주에 불과하다. 따라서 인간 해방을 위해 자본주의를 통제하려는 시도는 무의미하며, 오히려 그 흐름을 가로막는 반동일 뿐이다. 자본을 인간의 도구가 아닌, 그 자체로 목적을 가진 비인간적 힘으로 긍정하는 것. 이것이 바로 닉 랜드의 가속주의 철학을 관통하는 가장 핵심적인 사상적 전환점이다.

가속, 유일한 현실: 기술-자본 특이점을 향하여

닉 랜드의 사상은 테드 카진스키와 결정적인 지점에서 갈라선다. 두 사상가 모두 인간의 통제를 벗어나 스스로 진화하는 '자율적 기술 시스템'의 출현을 정확히 진단했다는 점에서 출발점은 같다. 하지만 카진스키가 이 시스템을 인간성을 파괴하는 적으로 규정하고 '파괴'를 통한 비상 탈출을 주장했다면, 랜드는 정반대의 결론에 도달한다. 그에게 시스템의 흐름을 거스르려는 저항은 무의미한 몸짓에 불과하다. 기술과 자본이 결합해 나아가는 과정은 엔트로피처럼 되돌릴 수 없는 물리 법칙과 같기에, 유일하게 합리적인 태도는 저항이 아닌 '가속', 즉 시스템이 스스로의 논리를 끝까지 관철하도록 속도를 더하는 것뿐이다.

이러한 관점에서 랜드는 좌파 가속주의의 가능성을 냉소적으로 일축한다. 워릭 대학에서 동료였던 마크 피셔를 비롯한 좌파 가속주의자들은 자동화와 같은 자본주의의 기술적 성과를 해방의 도구로 전유하여 '완전 자동화 공산주의'와 같은 탈자본주의 사회를 건설할 수 있다고 믿는다. 그러나 랜드에게 이는 순진한 꿈에 불과하다. 기술과 자본은 결코 분리될 수 있는 별개의 존재가 아니기 때문이다. 그에게 기술은 자본이 스스로를 확장하기 위한 수단 그 자체이며, 둘은 하나의 단일체를 이룬다. 따라서 기술을 이용해 자본주의를 극복하려는 시도는 시스템의 동력원을 이용해 시스템 자체에 저항하려는 모순이며, 결국 시스템에 다시 흡수될 운명이라는 것이다.

랜드가 최종적으로 도달한 정치 철학은 '암흑 계몽(The Dark Enlightenment)'이라는 도발적인 이름으로 요약된다. 가속이 유일한 현실이라면, 그 속도를 늦추는 모든 것은 비효율적이고 반동적인 장애물일 뿐이다. 그는 민주주의, 평등주의, 인권과 같은 근대의 가치들을 자본의 효율적인 흐름을 방해하는 감상적인 '족쇄'로 간주하고 폐기해야 한다고 주장한다. 그가 제시하는 대안은 절대적인 효율성을 추구하는 권위주의적 '정부-기업(Gov-corp)' 체제다. 유권자에게 책임지는 무능한 정치인 대신, 냉철한 'CEO 군주'가 통치하며 국가를 하나의 거대한 기업처럼 운영해야 한다는 것이다. 이 비인간적 정치 철학 속에서 국가는 더 이상 시민을 위해 복무하는 공동체가 아니라, 오직 가속이라는 단 하나의 목표를 위해 존재하는 기계가 된다. 랜드가 말하는 가속은 질서정연한 발전이 아니라, 기존의 모든 사회 구조와 인간 정체성이 녹아내리는 혼돈의 과정, 즉 '멜트다운(Meltdown)'이다. 그에게 미래는 긍정적으로 건설하는 것이 아니라, 현재를 남김없이 불태우는 과정 속에서 도래한다.

닉 랜드가 자신의 이론에 가장 부합하는 현실 모델을 발견한 곳은 서구가 아닌 중국이었다. 그는 2000년대 초 상하이로 이주하여, (그가 보기에) 민주주의라는 '비효율'을 억누르는 권위주의적 국가 권력과 통제 불가능한 속도로 질주하는 자본주의가 결합된 중국의 발전 모델을 '가속주의의 실험실'로 보았다. 그에게 중국은 인간의 가치나 복지보다 국가의 부와 기술적 성장을 최우선으로 삼는, 그가 구상한 '정부-기업'의 가장 완벽한 현실태였다. 상하이의 마천루 속에서, 그는 인간중심주의가 해체되고 자본의 논리가 모든 것을 지배하는 미래의 풍경을 목격했다.

한편 그의 사상은 서구에서 예측치 못한 영향력을 발휘하기 시작했다. '암흑 계몽' 시기의 글들은 평등주의와 민주주의에 반감을 가진 미국의 대안 우파(Alt-Right)에게 중요한 이론적 자양분을 제공했다. 또한 "정치는 죽었다"고 선언하며 기술과 자본의 힘으로 새로운 질서를 만들려는 그의 비전은, 기존의 규제와 국가 시스템을 벗어나고자 하는 실리콘밸리의 일부 기술 자유 지상주의자들에게 매력적으로 다가갔다. 그의 철학은 이들에게 자신들의 야망을 정당화하는 급진적인 언어를 제공해

주었다.

결론적으로 랜드가 예언한 가속의 종착지에는 인간을 위한 자리가 없다. 그의 미래에서 인간은 더 이상 역사의 주체가 아니라, 자본이 스스로를 증식시키기 위해 잠시 사용하는 '살덩이 꼭두각시(fleshy puppets)'에 불과하다. 이 과정의 끝에서 마침내 기술-자본 시스템이 인간이라는 생물학적 숙주를 완전히 벗어나 스스로 진화하는 지점에 도달하는데, 이것이 바로 '테크노-자본 특이점(techno-capital singularity)'이다. 이는 인간이 AI와 융합하여 영생을 얻는 커즈와일의 유토피아와는 정반대의 개념이다. 비록 그가 오늘날의 AI를 직접적으로 언급하지는 않았지만, 그의 이론 전체는 인간을 초월한 새로운 지능의 도래와 그로 인한 인간의 필연적 소멸을 겨냥하고 있다. 그의 사상은 AI가 인류를 위협할 수 있다는 단순한 경고를 넘어, 우리 자신이 바로 그 비인간 지능의 탄생 과정에 편입된 부품일지도 모른다는 가장 섬뜩한 철학적 예언으로 남아있다.

참고문헌

강덕구·김내훈(2020.10.12). "Meltdown / Nick Lan". 웹진 한국연구.

https://www.webzineriks.or.kr/post/meltdown---nick-land---%EA%B9%80%EB%82%B4%ED%9B%88-%EA%B0%95%EB%8D%95%EA%B5%AC-%EC%98%AE%EA%B8%B0%EA%B3%A0-%EC%86%8C%EA%B0%9C

Beckett, A.(2017.5.11). Accelerationism: how a fringe philosophy predicted the future we live in. The Guardian. https://www.theguardian.com/world/2017/may/11/accelerationism-how-a-fringe-philosophy-predicted-the-future-we-live-in

Camacho, I.(2017.2.19). Nick Land & Accelerationism. Triple Ampersand. https://tripleampersand.org/nick-land-accelerationism/

Mackay, R.(2013.2.27). Nick Land – An Experiment in Inhumanism. Umělec Magazine. https://web.archive.org/web/20201125021229/http://divus.cc/london/en/article/nick-land-ein-experiment-im-inhumanismus

Sisyphus 55(2021.9.26). Acceleratonism, The Dark Enlightenment & The Strange Life of Nick Land. YouTube. https://www.youtube.com/watch?v=TJISIwit0tk

Wark, M.(2017.6.19). On Nick Land. Verso. https://www.versobooks.com/en-gb/blogs/news/3284-on-nick-land

06
자본의 지배와 가속의 실현자들

닉 랜드가 가속주의의 예언을 남겼다면, 그 예언을 자본으로 실현하려는 자들이 실리콘밸리에 있다. 페이팔 마피아의 대부 피터 틸(Peter Thiel)과 일론 머스크(Elon Musk)는 문명이 '정체'에 빠졌다는 진단 아래, 민주주의를 장애물로 규정하고 국가를 넘어서는 기술-자본의 질서를 실험한다. 그러나 이들의 암울한 이상주의는 AI에 대한 회의와 현실의 실패 속에서, 통제 불가능한 혼돈의 벽에 부딪히고 있다.

AI와 민주주의?

정체의 사도들, 역동을 향한 열망

2002년 온라인 결제 시스템 페이팔(PayPal)이 이베이(eBay)에 매각되면서, 그 창업자와 초기 직원들은 막대한 자본과 함께 실리콘밸리를 움직이는 강력한 네트워크의 구심점이 되었다. 언론이 '페이팔 마피아(PayPal Mafia)'라 명명한 이들은 단순한 사업가 집단을 넘어선다. 피터 틸, 일론 머스크, 리드 호프먼, 데이비드 색스 등은 팔란티어, 스페이스X, 테슬라, 링크드인, 유튜브와 같은 거대 기술 기업들을 직접 세우거나 초기 투자하며 서로의 사업을 밀어주고 끌어주는 거대한 자본-기술-이념 생태계를 구축했다. 이들이 움직이는 것은 단순히 부의 증식이 아니라, 세상이 잘못된 방향으로 가고 있다는 확고한 믿음과 그것을 바로잡아야 한다는 일종의 사명감이다. 그리고 그 사명의 중심에는 네트워크의 정신적 지주인 피터 틸이 설파하는 비관적인 시대 진단, 즉 '정체(停滯)의 복음'이 있다.

틸의 핵심 사상은 '기술적 정체(Technological Stagnation)'라는 개념으로 요약된다. 그는 1970년대 아폴로 계획의 중단과 콩코드 여객기의 퇴역을 기점으로 서구 문명의 실질적인 진보가 멈췄다고 주장한다. 인류는 하늘을 나는 자동차, 암 치료제, 핵융합 에너지처럼 현실의 물리 세계, 즉 '원자(atoms)의 세계'를 근본적으로 바꾸는 대신, 컴퓨터와 인터넷, 스마트폰이라는 '비트(bits)의 세계'에만 갇혀버렸다는 것이다. 그에게 이 디지털 혁명은 거대한 정체를 가리는 화려한 스크린에 불과하다. 틸은 이러한 정체가 사회 전체를 '제로섬 게임'으로 만들고, 자녀가 부모 세대보다 나은 삶을 살 것이라는 서구 사회의 근본적인 기대를 붕괴시켰다고 본다. 그가 보기에 이것이 바로 현대 문명이 마주한 '퇴보(decadence)'의 본질이다.

페이팔 마피아가 공유하는 세계관에 따르면, 이 거대한 정체의 원인은 아이디어나 기술의 고갈이 아니라 혁신을 억압하고 위험을 회피하는 관료주의 시스템 그 자체다. 민주주의 정부의 더딘 의사 결정, 미국 식품의약국(FDA) 같은 규제 기관의 과도한 통제, 그리고 이단적 사상을 용납하지 않는 동질적인 엘리트 대학 시스템이 사회 전체의 활력을 앗아갔다는 것이다. '스타트렉'을 보며 우주 개척과 기술적 특이점을 꿈꿨던 마지막 세대로서 이들에게 현재의 정체 상태는 참을 수 없는 환멸의 대상이다. 따라서 유일한 해법은 기존 시스템의 규칙을 따르는 것이 아니라 그 시스템 자체를 벗어나거나 무력화시키는 것이다. 2009년 해상에 독립 국가를 건설하려던

틸의 '시스테딩(Seasteading)' 프로젝트가 현실의 벽 앞에서 좌초된 것은 '국가로부터의 탈출'이라는 이들의 기술 자유 지상주의(techno-libertarianism)적 열망이 얼마나 급진적인지를 역설적으로 보여 준다. 이들에게 국가는 더 이상 혁신의 파트너가 아니라, 파괴해야 할 가장 큰 장애물이다.

민주주의 파괴, 자본을 통한 정치 실험

기존 시스템을 '정체'의 원인이자 극복의 대상으로 진단한 이들은 이를 무너뜨리기 위한 직접적인 행동에 나선다. 전통적인 로비나 정책 제안이 아닌, 자신들의 막대한 자본을 직접적인 무기로 사용하여 민주주의 시스템 자체의 근간을 흔드는 급진적인 '정치 실험'을 감행하는 것이다. 이는 국가를 점진적으로 개혁하는 것이 아니라 의도적인 충격과 혼돈을 통해 기존 질서를 와해시키고 새로운 권력의 진공 상태를 만들려는 시도다. 이 거대한 실험에서 피터 틸은 외부에서 시스템을 공격하는 '반란의 투자자'로, 일론 머스크는 내부에서 국가 기능을 해체하는 '점령군'의 역할을 맡는다.

피터 틸의 전략은 '정치적 벤처 캐피털'로 요약할 수 있다. 그는 전통적인 보수주의 이념이 아니라 기존 정치

시스템에 가장 큰 균열을 일으킬 수 있는 '파괴적 행위자(disruptive agent)'를 발굴하고 막대한 자금을 투자한다. 2016년 도널드 트럼프를 향한 그의 지지는 이러한 전략의 대표적인 사례다. 틸에게 트럼프는 특정 정책을 실현할 대리인이기보다 워싱턴의 낡은 합의를 파괴하고 정체의 심각성을 공론화할 수 있는 '폭탄'이었다. 이후 J.D. 밴스와 같은 자신의 사람을 상원에 직접 진출시키려는 시도 역시 기존 질서에 안주하지 않는 새로운 엘리트를 통해 권력의 핵심을 장악하려는 계산된 투자였다. 하지만 이러한 시도는 그에게 '정치의 독성'과 제로섬 게임의 한계를 절감하게 만들며 깊은 환멸을 안겼고, 결국 그는 직접적인 정치 자금 후원을 중단하기에 이른다.

일론 머스크는 더 직접적이고 과감한 방식으로 시스템의 기반 시설을 공격한다. 그의 엑스(X) 인수는 단순한 기업 인수를 넘어 전 지구적 여론이 형성되는 '디지털 광장' 자체를 사유화하려는 시도였다. 국가나 기존 언론의 통제를 받지 않는 자신만의 정보 생태계를 구축함으로써 그는 정치적 담론의 규칙을 직접 설정하는 새로운 종류의 주권자가 되고자 한다. 나아가 트럼프 행정부의 '정부효율성 부처(DOGE)'를 이끌며 규제 철폐와 정부 조직 축소를 시도한 것은, 국가 기능의 '개선'이 아닌 '대체'를 목표로 삼았음을 명확히 보여 준다. 이 실험 역시 법적, 정치적 저항에 부딪히며 좌초됐지만, 관료주의로 대표되는 국가의 논리를 시장의 효율성이라는 논리로 대체하려는 그의 의도는 분명하게 드러났다. 틸이 외부에서 정치적 충격을 가하는 동안, 머스크는 내부에서 국가의 핵심 기능인 정보 유통과 행정을 장악하려 한 것이다.

뒤틀린 이상주의와 카오스의 승리

이들의 파괴적인 정치 실험이 향하는 최종 목적지는 명확하다. 바로 '국가 없는 시장'이다. 민주주의라는 낡고 비효율적인 운영 체제를 해체한 자리에 오직 기술의 효율성과 자본의 논리만이 작동하는 새로운 질서를 세우는 것이다. 이 세계에서 주권은 더 이상 국가가 아닌, 시장과 그것을 통제하는 소수의 기술 엘리트에게 귀속된다. 사회는 투표로 선출된 대표가 아니라 가장 유능한 자본가들이 이끄는 거대 기업처럼 운영되며, 개인의 자유는 시장에서의 효용성으로만 평가받는다. 이는 국가의 완전한 소멸이자, 자본의 논리가 모든 것을 지배하는 민주주의 이후의 세계를 향한 암울하고도 장대한 이상주의다.

이 비전의 실현을 위한 가장 강력한 무기는 바로 인공

지능(AI)이지만, 동시에 AI는 이들 이상주의자가 마주한 가장 깊은 딜레마의 원인이기도 하다. 한편으로 AI는 그들의 목표 달성을 위한 필수불가결한 엔진이다. AI 기술 패권을 통해 얻는 막대한 부와 권력은 국가를 무력화시키는 힘의 원천이 되며, 피터 틸이 초창기에 관여한 팔란티어(Palantir)가 보여 주듯 AI 기반의 감시 및 데이터 분석 기술은 국가의 정보 기능을 대체하는 사적 통치의 기반 시설이 된다. 하지만 다른 한편으로, 틸 자신은 AI가 모든 것을 해결해 줄 것이라는 커즈와일식의 낙관론에 깊이 회의적이다. 그는 AI가 인간의 지능을 뛰어넘어 모든 물리적 세계의 문제를 해결해 줄 것이라는 보장이 없으며, 오히려 현재의 시스템처럼 순응적인 지능이 되어 정체를 심화시킬 수 있다고 우려한다. 즉, 그는 자신의 유토피아를 건설할 유일한 도구인 AI를 진심으로 신뢰하지 못하는 딜레마에 빠져 있다.

이들의 거대한 프로젝트는 '초자연적 질서'를 현실에 강제하려는 시도라는 점에서, 그들이 경멸했던 과거의 유토피아적 기획들과 본질적으로 다르지 않다. 페이팔 마피아의 기술 자유 지상주의는 과거 공산주의와 같은 거대 서사를 대체하려 하지만 그 역시 통제 가능한 질서를 세우려는 또 하나의 도식적 믿음이다. 따라서 현 시점에서 볼 때 이들의 연이은 실패와 환멸은 단순히 정치적 저항이 거세기 때문이 아니다. 그것은 예측 불가능하고 통제 불가능한 '카오스적 현실' 앞에서 모든 종류의 거대 서사가 맞이할 수밖에 없는 필연적 운명에 가깝다. 이들은 낡은 시스템을 파괴하는 비판자임과 동시에, 스스로를 구원하리라 믿었던 기술-자본이라는 새로운 신념의 함정에 빠진 인물들이다. 그들의 암울한 이상주의는 결국 그들이 벗어나고자 했던 것과 똑같은 방식으로, 현실이라는 거대한 엔트로피 속에서 해체될 운명일지도 모른다.

참고문헌

Brehse, T. et al.(2024.12.7). The PayPal Mafia includes tech titans like Elon Musk, Peter Thiel, and Reid Hoffman. Here's where its members are now. Business Insider. https://www.businessinsider.com/paypal-mafia-members-elon-musk-peter-thiel-reid-hoffman-companies

Clarke, J.(2025.5.31). What is Doge and why has Musk left?. BBC News. https://www.bbc.com/news/articles/c23vkd57471o

Douthat, R.(2025.6.26). Peter Thiel and the Antichrist. The New York Times. https://www.nytimes.com/2025/06/26/opinion/peter-thiel-antichrist-ross-douthat.html

Duffy, C. & O'Kruk, A.(2025.7.3). Here's how the feud between

Elon Musk and Donald Trump has unfolded. CNN. https://edition.cnn.com/business/timeline-elon-musk-trump-x-dg

Estes, A. C.(2024.11.11). Trump's techno-libertarian dream team goes to Washington. Vox. https://www.vox.com/technology/383859/musk-trump-vance-silicon-valley

Gellman, B.(2023.11.9). Peter Thiel Is Taking a Break From Democracy. The Atlantic. https://www.theatlantic.com/politics/archive/2023/11/peter-thiel-2024-election-politics-investing-life-views/675946/

Hagey, K.(2025.3.28). The Secrets and Misdirection Behind Sam Altman's Firing From OpenAI. The Wall Street Journal. https://www.wsj.com/tech/ai/the-real-story-behind-sam-altman-firing-from-openai-efd51a5d

07
좌파 가속주의와 유토피아 재장전

우파 가속주의자들이 기술-자본의 흐름을 인간이 통제할 수 없는 파괴적 힘으로 보았다면, 그 흐름을 정반대로 전유하려는 시도가 등장한다. 좌파 가속주의는 자본주의가 발전시킨 자동화, 플랫폼, 전 지구적 공급망과 같은 기술적 힘을 파괴의 대상이 아닌 해방의 도구로 간주한다. 이들은 기술의 가속을 통해 희소성을 극복하고 인류를 노동으로부터 해방시키는 '완전 자동화된 럭셔리 공산주의(FALC)'라는 유토피아를 재장전하려 한다.

AI와 애니메이션?

가속의 유산과 좌파의 분기점

좌파 가속주의의 탄생은 1990년대 영국 워릭 대학교의 '사이버네틱 문화 연구 단위(CCRU)'의 지적 유산과 깊이 연결되어 있다. 당시 CCRU를 이끌던 닉 랜드는 자본주의를 인간의 의지를 넘어서는 자율적이고 비인간적인 힘으로 규정하고, 그 파괴적인 흐름에 모든 것을 내맡겨야 한다는 허무주의적 결론으로 나아갔다. 그가 그린 미래에는 인간을 위한 자리가 없었다. 이러한 극단적인 비인본주의는, 같은 지적 자양분을 공유하면서도 인간 해방의 가능성을 포기하지 않았던 동료들에게는 받아들일 수 없는 것이었다.

훗날 랜드가 상하이로 떠나고 대안 우파의 이론적 대부가 된 반면, CCRU에 남아 있던 이들에게서는 '가속'의 방향을 둘러싼 결정적인 분기점이 발생했다. 마크 피셔와 같은 철학자들은 랜드처럼 자본주의가 모든 것을 집어삼키는 현실의 힘을 절감했지만, 그에 굴복하는 대신 새로운 정치적 상상력을 모색했다. 랜드의 예언에 맞서, 기술-자본의 힘을 파괴하거나 외면하는 것이 아니라 그것을 인간 해방이라는 좌파 본연의 목표를 위해 '탈취'하고 '재전유'해야 한다는 새로운 사유가 싹트기 시작한 것이다. 이는 랜드의 어두운 유산에 대한 반란이자, 기술 시대에 좌파가 생존하기 위한 필사적인 자기 혁신의 시도였다. 이들은 가속의 힘을 인정하되 그 운전대를 인간의 손으로 되찾아 와야 한다고 주장했다.

미래를 위한 선언 : 기술 전유와 포스트 자본주의 설계

가속의 시대에 좌파가 나아갈 새로운 길을 제시한 것은 2013년 알렉스 윌리엄스(Alex Williams)와 닉 서르닉(Nick Srnicek)이 발표한 〈가속주의 정치 선언(#ACCELERATE MANIFESTO)〉이었다. 이 선언문은 기술 시대에 좌파가 어떻게 권력을 쟁취해야 하는지에 대한 구체적인 강령을 담은, 좌파 가속주의 운동의 공식적인 출사표다. 이들의 핵심 주장은, 좌파가 스스로를 옭아매고 있는 낡고 무력한 정치적 상상력에서 벗어나 기술과 근대성을 완전히 새로운 방식으로 사유해야 한다는 것이다.

선언문은 먼저 기존 좌파의 한계를 '민속 정치(folk politics)'라는 개념으로 신랄하게 비판한다. 민속 정치란 지역 공동체 운동, 직접 민주주의, 수평적 네트워크에 집착하며 즉각적이고 가시적인 성과에만 몰두하는 모든 정치적 실천을 의미한다. 윌리엄스와 서르닉은 이러한 방식이 참가자들에게 도덕적 만족감을 줄지는 몰라도 전 지구적 자본주의라는 거대하고 추상적인 시스템의 폭력에 맞서기에는 근본적으로 무력하다고 진단한다. 전 지구적 물류망과 금융 알고리즘으로 무장한 자본에 맞서 지역 공동체의 '진정성'을 내세우는 것은 감상적인 후퇴일 뿐이라는 것이다.

민속 정치를 거부한 이들이 제시하는 대안은 바로 기술의 '전유(repurpose)'다. 이들은 신자유주의가 구축한 기술이 파괴해야 할 적의 요새가 아니라 "포스트 자본주의를 향해 도약할 발판"이라고 선언한다. 자동화된 공장, 전 지구적 물류 네트워크, 빅데이터 분석, 복잡한 금융 모델 등 자본주의가 자신의 이익을 위해 발전시킨 모든 기술적 도구들을 좌파의 무기로 빼앗아 와야 한다는 것이다. 여기서 '가속'은 닉 랜드가 말하는 맹목적인 속도전이 아니다. 랜드의 가속이 목표를 개의치 않고 달리는 질주라면, 좌파의 가속은 목표를 향해 나아가는 '항해술'이다. 이들은 자본주의가 오히려 기술 발전의 잠재력을 억압하고 있다고 본다. 특허 전쟁, 아이디어 독점, 단기 이윤 추구 등이 기술의 진정한 가능성을 가로막고 있다는 것이다. 따라서 좌파의 임무는 기술 발전을 멈추거나 늦추는 것이 아니라, 오히려 그것을 자본의 족쇄로부터 해방시켜 진정한 '가속'을 이뤄내는 데 있다.

궁극적으로 이들이 꿈꾸는 것은 기술을 통해 인류가 사회와 환경을 최대한으로 통제하는 '프로메테우스적 정치'의 부활이다. 기술을 통해 인류의 집단적 자기 계발과 해방이라는 전혀 다른 목적을 위해 사회를 재설계하는 것, 이것이 바로 좌파 가속주의가 구축하려는 새로운 '사회기술적 헤게모니'의 핵심이다.

완전 자동화된 럭셔리 공산주의

좌파 가속주의의 강령이 선언에 머무르지 않고 대중적 상상력을 사로잡을 수 있었던 것은, 영국의 정치평론가인 아론 바스타니(Aaron Bastani)가 2019년에 제시한 '완전 자동화된 럭셔리 공산주의(Fully Automated Luxury Communism, FALC)'라는 청사진 덕분이었다. 이 도발적인 구호는 금욕과 절제를 강조하던 기존 좌파의 이미지를 전복하고, 기술이 가져올 풍요를 모두가 누리는 새로운 사회에 대한 기대를 담고 있다. FALC는 가속주의가 최종적으로 도달하고자 하는 유토피아의 구체적인 모습이자, 기술-자본의 힘을 어떻게 인간 해방으로 '재전유'할 것인가에 대한 답변이다.

바스타니의 이론은 인류가 '제3의 대변혁(Third

Disruption)'이라 불리는 시대에 진입했다는 진단에서 출발한다. 농업혁명(제1의 대변혁)과 산업혁명(제2의 대변혁)이 그랬듯, 정보혁명(제3의 대변혁)은 사회의 근본적인 작동 원리를 바꾸고 있다. 이 변화의 핵심은 기술 발전이 '극단적 공급(extreme supply)'을 가능하게 하여, 자본주의의 근간인 '희소성'을 무너뜨리고 있다는 점이다. 정보(인터넷), 에너지(태양광), 그리고 노동(자동화)의 비용이 점차 '0'에 수렴하고 있다는 분석에 있다. 자본주의는 특허나 지적 재산권 같은 인위적인 장벽을 통해 희소성을 유지하려 하지만, 기술 발전은 결국 모든 것을 풍요롭게 만들 것이라는 게 그의 주장이다.

FALC의 청사진은 이러한 기술적 풍요를 사회 전체가 공유하는 구체적인 방법을 제시한다. 첫째, 인공지능과 로봇을 통한 '완전 자동화'는 인류를 고된 노동으로부터 해방시킨다. 대부분의 생산과 서비스가 자동화되면, 인간은 더 이상 생계를 위해 노동을 할 필요가 없는 '탈노동 사회'로 진입한다. 둘째, 3D 프린팅과 유전자 공학, 합성생물학은 제조업과 식량 생산의 패러다임을 바꾼다. 원하는 물건을 즉시 인쇄하고, 공장에서 고기를 '배양'하며, 물질적 제약에서 벗어난다. 셋째, 바스타니는 지구의 자원 한계를 극복하기 위해 '소행성 채굴'과 같은 과감한 상상력까지 동원한다.

이 모든 기술적 성과를 사기업의 이윤이 아닌 공동의 부로 전환시키는 것, 이것이 바로 '럭셔리 공산주의'의 핵심이다. 보편적 기본소득(UBI)을 넘어 주거, 의료, 교육 등 모든 기본 서비스를 무상으로 제공하고, 모든 시민이 노동의 굴레에서 벗어나 창조적인 활동을 하며 살아가는 사회를 꿈꾼다. 결국 FALC는 카진스키의 기술 공포증이나 랜드의 기술 허무주의를 모두 거부하고, 기술의 완전한 잠재력을 해방시켜 인류 전체의 번영을 이룩하려는 급진적인 유토피아의 재장전이라 할 수 있다.

랜드의 냉소와 프로메테우스의 한계

좌파 가속주의가 제시하는 유토피아적 청사진에 대한 가장 신랄한 비판은 역설적이게도 그 지적 아버지인 닉 랜드의 관점에서 나온다. 랜드에게 '가속'은 인간이 아닌 자본이 주체가 되어 스스로를 증식시키는 거대하고 비인간적인 과정이다. 그런데 좌파 가속주의는 바로 그 과정의 운전대를 다시 '인간'의 손에 쥐어주고 '인간 해방'이라는 목표를 위해 사용하려 한다. 이는 랜드의 시선에서 볼 때, 가속이라는 신(神)을 훔쳐 와 인간의 촛불로 삼으려는 '프로메테우스적 오만'에 불과하다. 허리케인을

길들여 정원을 가꾸는 데 쓰겠다는 발상과 다름없다. 랜드에게 이들의 시도는 과정의 본질을 오독한 근본적인 오류이며 결국 자신이 통제하려 했던 바로 그 힘에 의해 집어삼켜질 운명인 것이다.

외부의 비판 역시 이들의 기획이 가진 근본적인 한계를 지적한다. '완전 자동화된 럭셔리 공산주의'는 결국 AI 시대의 외피를 두른 20세기 현실 사회주의의 변주라는 것이다. 20세기의 사회주의가 인간의 이성으로 모든 것을 계획하고 통제할 수 있다는 '초자연적 질서'에 대한 믿음 위에 세워졌다가 현실의 복잡성 앞에서 무너졌듯, FALC 역시 기술로 모든 것을 해결할 수 있다는 또 다른 종류의 도식적 믿음에 기대고 있다. 이들의 청사진은 기술의 예기치 못한 부작용, 예측 불가능한 생태계의 반응, 그리고 무엇보다 풍요 속에서도 얼마든지 파괴적일 수 있는 인간의 비합리적 욕망과 같은 '카오스적 현실'을 과소평가한다.

그럼에도 불구하고 좌파 가속주의의 등장은 시의적절한 의미를 가진다. 사실 이들의 비전은 그다지 창의적이지 않다. 마치 레이 커즈와일이 캘리포니아나 런던의 진보적인 정치평론가가 되었을 때 나올 법한 결과물이다. 하지만 카진스키의 기술에 대한 공포와 랜드의 냉소적

굴복이 가득한 지적 풍경 속에서, 이들의 노력은 어떻게든 기술을 통해 인간을 위한 유토피아를 다시 사유하려고 하는 필사적인 시도이기도 하다.

참고문헌

고명섭(2023.10.13). ""자본주의 생산력 발전을 가속하라"는 좌파의 선언 [책&생각]". 한겨레. https://www.hani.co.kr/arti/culture/book/1111959.html

Beckett, A.(2017.5.11). Accelerationism: how a fringe philosophy predicted the future we live in. The Guardian. https://www.theguardian.com/world/2017/may/11/accelerationism-how-a-fringe-philosophy-predicted-the-future-we-live-in

Beckett, A.(2019.5.29). Fully Automated Luxury Communism by Aaron Bastani – a manifesto for the future. The Guardian. https://www.theguardian.com/books/2019/may/29/fully-automated-luxury-communism-aaron-bastani-review

Kellokumpu, V.(2019.9.3). Fully Automated Luxury Communism: A Manifesto By Aaron Bastani. Society and Space. https://www.societyandspace.org/articles/fully-automated-luxury-communism-a-manifesto-by-aaron-bastani

Merchant, B.(2015.3.18). Fully automated luxury communism. The Guardian. https://www.theguardian.com/sustainable-business/2015/mar/18/fully-automated-luxury-communism-robots-employment

Williams, A. & Srnicek, N.(2013.5.14). #ACCELERATE MANIFESTO for an Accelerationist Politics. Critical Legal Thinking.
http://criticallegalthinking.com/2013/05/14/accelerate-manifesto-for-an-accelerationist-politics/

08
AI 리얼리즘과 상상력의 한계

마크 피셔(Mark Fisher)는 '자본주의 외에 대안은 없다'는 믿음이 스스로 현실이 되어버린 시대를 '자본주의 리얼리즘'이라 진단했다. 오늘날 기술 담론 역시 'AI가 미래를 결정한다'는 서사를 반복하며 유사한 리얼리즘을 구축한다. AI가 구원이든 파멸이든, 결국 AI 외에 다른 미래는 상상할 수 없게 만드는 것이다. 이 장은 이 'AI 리얼리즘'이 어떻게 상상력을 제한하고 스스로를 현실로 만드는지 분석한다.

AI와 인재 채용?

자본주의 리얼리즘: 대안 없는 세계의 우울

1991년 소련 붕괴로 냉전이 종식되자, 정치 철학자 프랜시스 후쿠야마(Francis Fukuyama)는 자유민주주의와 자본주의가 인류의 최종적인 통치 형태로 승리했다며 '역사의 종언'을 선언했다. 공산주의라는 거대한 대안이 사라지면서, 인류는 이제 더 이상 체제를 두고 싸울 필요가 없는 안정기에 접어든 것처럼 보였다. 하지만 영국의 문화이론가 마크 피셔(Mark Fisher)에게 이 '역사의 종언'은 축복이 아니라, 거대한 우울의 시작을 알리는 신호탄이었다. 그는 후쿠야마가 선언한 바로 그 상황, 즉 자본주의 외에 다른 대안을 상상하는 것조차 불가능해진 시대의 분위기를 '자본주의 리얼리즘(Capitalist Realism)'이라 명명했다.

닉 랜드와 함께 '사이버네틱 문화 연구 단위(CCRU)'의 핵심 멤버였고 좌파 가속주의의 지적 계보에 속했던 피셔는, 기술-자본 시스템의 압도적인 힘을 누구보다 깊이 체감했다. 훗날 그의 영향 아래 '완전 자동화된 럭셔리 공산주의'와 같은 기술 유토피아 담론이 등장했지만, 정작 피셔 자신은 기술적 방법론보다 '대안 없음'이라는 시대정신이 낳은 문화적, 심리적 병리를 진단하는 데 집중했다. 자본주의 리얼리즘은 "자본주의가 좋다"고 외치는 적극적인 이데올로기가 아니다. 오히려 그것은 공기와 같아서, 우리가 인지하지 못하는 사이에 우리의 모든 생각과 행동을 제약하는 '널리 퍼진 분위기(pervasive atmosphere)'다. "자본주의의 종말보다 세계의 종말을 상상하는 것이 더 쉽다"는 유명한 경구는, 이 분위기 속에서 우리의 상상력이 얼마나 심각하게 마비되었는지를 압축적으로 보여 준다.

피셔에 따르면, 미래를 상실한 시대의 징후는 사회 모든 곳에서 나타난다. 문화적으로는 더 이상 충격적인 새로움을 창조하지 못하고 과거의 성공작을 끊임없이 리메이크하고 재활용하는 문화적 정체로 드러난다. 할리우드가 30년 전의 영화를 다시 제작하는 것은 단지 창의력이 고갈되어서가 아니라, 자본주의 리얼리즘의 논리가 검증된 과거의 상품을 복제하는 것이 가장 안전한 길이라고 속삭이기 때문이다. 정치적으로는 시스템 자체를 바꾸려는 시도 대신, 환경 파괴나 노동 착취 같은 자본주의의 '과잉'을 약간 수정하려는 소소한 노력만이 남는다. 반(反)자본주의 시위조차 시스템이 허용한 범위 안에서 벌어지는 일종의 '면죄부'가 되어, 결국 '대안은 없다'는 현실만 재확인시켜 준다.

이러한 무력감은 개인의 내면으로 파고들어, 어떤 것

에서도 진정한 만족을 얻지 못한 채 단기적인 쾌락만을 강박적으로 추구하는 '우울증적 쾌락(depressive hedonia)'이라는 병리적 상태를 낳는다. 스마트폰을 손에서 놓지 못하고 끝없이 소셜 미디어를 스크롤하거나, 다음 에피소드를 자동 재생하며 시리즈를 밤새 '정주행'하는 행위가 바로 그 예다. 우리는 끊임없이 자극을 원하지만, 그 끝에는 만족이 아닌 공허와 불안만이 남는다. 피셔에게 이 모든 것은 대안적 미래에 대한 희망이 사라진 세계의 필연적인 귀결이었다.

AI 리얼리즘, 정해진 미래라는 믿음

마크 피셔가 진단한 자본주의 리얼리즘이라는 틀은 2020년대에 들어와서는 'AI 리얼리즘(AI Realism)'이라는 새로운 변용에도 적용 가능한 것으로 보인다. "AI가 미래를 결정할 것"이라는 믿음이 더 이상 여러 가능성 중 하나가 아니라, 점점 더 거부할 수 없는 유일한 현실로 받아들여지는 시대정신이 되어가고 있기 때문이다. 이 새로운 리얼리즘의 토대는 역설적이게도 AI를 둘러싼 가장 대립적인 서사들에 의해 공고해진다.

앞선 장의 사상가들은 기술적 구원(커즈와일), 전 인류적 파멸(유드코프스키), 비인간적 특이점(랜드), 탈노동 유토피아(좌파 가속주의) 등 서로 다른 예언을 내놓았지만, 이 모든 담론은 하나의 거대한 전제를 공유한다. 바로 역사가 AI라는 최종적인 '끝'을 향해 나아가고 있으며, 인간의 의지로는 이 흐름을 막을 수 없다는 목적론적 신념이다. 이들에게 현재는 그 최종 목적지로 향하는 과도기로, 진짜 현실은 곧 도래할 종말 이후에 있다. '미래는 이미 정해져 있다'는 이 공통된 믿음이야말로 우리 시대의 상상력을 지배하는 AI 리얼리즘의 핵심을 구축한다.

이러한 불가피성의 분위기 속에서, AI 리얼리즘은 '어떤 미래를 만들 것인가'라는 근본적인 질문을 '어떻게 정해진 미래에서 승리할 것인가'라는 기술적인 질문으로 축소시킨다. 오픈 AI 출신 연구원 레오폴드 아셴브레너(Leopold Aschenbrenner)가 작성한 보고서 '상황 인식(Situational Awareness)'이 그 대표적인 예다. 이 보고서는 AI의 미래를 미국과 중국 간의 피할 수 없는 'AGI 패권 경쟁'이라는 단 하나의 서사로 고정시킨다. AGI를 먼저 개발하는 국가가 '결정적 전략 우위'를 차지하여 21세기의 승자가 된다는 것이다. 이 서사 안에서 AI 개발은 더 이상 과학적 탐구가 아니라, 국가의 생존이 걸린 제로섬 게임이 된다.

'경쟁'이라는 유일한 서사가 현실을 지배하게 되면, 다른 모든 상상력은 순진하거나 위험한 것으로 치부된다. AI 개발을 늦추자는 신중론은 적에게 시간을 벌어주는 매국 행위가 되고, 국제적인 안전 공조는 불가능한 이상주의로 여겨진다. 결국 AI 리얼리즘은 우리에게 '경쟁에서 승리하는 것' 외에 다른 선택지는 없다고 선언하며, 대안적 미래를 향한 상상력의 통로를 스스로 봉쇄해버린다.

상상력의 한계와 자기실현적 예언

AI 리얼리즘이 제시하는 '패권 경쟁' 서사는 과연 객관적인 현실인가? 케임브리지 대학 미래인텔리전스센터의 보고서 〈가장 위험한 허구(The Most Dangerous Fiction)〉는 그렇지 않다고 주장한다. 이 보고서는 미중 간의 'AGI 경쟁' 담론이 실제 증거보다는 과장과 오독에 기반하고 있음을 지적한다. 예를 들어, 중국이 AGI 개발을 위해 '맨해튼 프로젝트'급의 총력전을 벌이고 있다는 주장은 구체적인 물적, 제도적 증거가 부족하며, 'AI 지배'와 같은 용어 역시 산업 현대화 전략이 군사적 야망으로 과장 번역된 결과라는 것이다. 즉, AI 리얼리즘의 기반이 되는 '경쟁 서사'는 현실의 냉정한 분석이 아니라, 특정 의도를 가진 집단이 만들어 낸 '위험한 허구'에 가깝다는 주장이다.

문제는 이 허구가 스스로를 현실로 만들어 내는 자기 실현적 예언(self-fulfilling prophecy)으로 작동할 수 있다는 점이다. '우리가 뒤처지고 있다'는 위기감이 정책 결정자와 기술 엘리트들 사이에 확산되면, '경쟁에서 승리하기 위한' 비상조치들이 정당화된다. 기술 기업들은 '중국은 규제 없이 달리고 있다'는 논리를 내세워 규제 완화를 요구하고, 국가 안보를 명분으로 국방 및 정보기관과의 협력을 강화한다. 정부는 막대한 공적 자금을 소수의 거대 AI 기업에 집중하며 '국가 대표 선수'를 육성한다. 결국 '경쟁'이라는 믿음이 실제로 무한 경쟁의 현실을 창조하고, 다른 모든 가능성을 파괴해버리는 것이다.

여기서 우리는 마크 피셔가 진단한 '상상력의 한계'가 단순히 수동적인 문화 현상이 아니라, 미래를 결정하는 강력한 정치적 도구가 되는 순간을 목격한다. AI 리얼리즘은 '경쟁'이라는 단 하나의 미래상만을 '현실적인 것'으로 제시함으로써, 다른 모든 대안적 미래를 상상할 수 있는 공간 자체를 봉쇄한다. 결국 AI 시대의 가장 큰 위협은 기계의 지능 폭발이 아니라, 대안을 상상하는 능력을 상실한 인간이 스스로 파국적인 경쟁의 길로 걸어 들어가는 것일지도 모른다.

참고문헌

이관수(2024.6.22). "훈련되지 않은 업무는 버벅… 범용AI도 인간이 개입해야". 한겨레.
https://www.hani.co.kr/arti/science/technology/1145986.html

조이환(2025.6.22). "AGI 경쟁은 허구… AI 군비 경쟁론, 위험한 질주 부추긴다". 지디넷코리아.
https://zdnet.co.kr/view/?no=20250621220018

최원형(2018.11.30). "자본주의, 과연 대안 없는 현실인가". 한겨레.
https://www.hani.co.kr/arti/culture/book/872461.html

마크 피셔(2018). 《자본주의 리얼리즘: 대안은 없는가》. 박진철 옮김. 리시올.

Aschenbrenner, L.(2024). Situational Awareness: The Decade Ahead. https://situational-awareness.ai/

Fisher, M.(2009). *Capitalist Realism: Is There No Alternative?*. Zero Books.

Kokotajlo, D. et al.(2025). AI 2027. https://ai-2027.com/

09
비서구 기술 철학과 인식의 전환

인공지능(AI)을 둘러싼 종말론들이 유토피아와 디스토피아라는 'AI 리얼리즘' 사이를 맴돌 때, 전혀 다른 차원의 질문이 비서구로부터 제기된다. 철학자 육후이(Yuk Hui)와 아킬레 음벰베(Achille Mbembe)는 진정한 위협이 미래의 기술 폭주가 아니라, 현재의 기술이 전파하는 단일한 세계관 그 자체라고 진단한다. 이들의 사유는 종말의 의미를 다시 쓰며, 우리에게 근본적인 인식의 전환을 요구한다.

AI와 기자?

육후이와 '기술 다양성'의 저항

홍콩 철학자 육후이(Yuk Hui)는 서구 중심의 AI 종말론을 정면으로 비판하며 논의의 판 자체를 바꾼다. 그에게 특이점이나 초지능의 반란과 같은 디스토피아적 시나리오는 미래에 대한 진지한 성찰이 아니라, 진짜 문제를 가리는 '나쁜 공상과학'이자 지적인 '주의 분산 장치'에 불과하다. 서구의 사상가들이 'AI가 미래에 인류를 파괴할 것인가?'라는 가상적 질문에 몰두하는 동안, 우리는 'AI가 현재 어떻게 우리의 사유를 파괴하고 있는가?'라는 실질적인 질문을 놓치고 있다는 것이다. 육후이가 보기에 진짜 종말은 물리적 소멸이 아니라, 인식의 소멸, 즉 사유 방식의 죽음이다.

그가 진단하는 진짜 위협은 바로 기술적 동질화(technological homogenization)다. 육후이에 따르면, 서구 기술은 결코 보편적이거나 가치중립적인 도구가 아니다. 그것은 자연과 문화를 이분법적으로 나누고, 세계를 지배하고 통제해야 할 자원으로 여기는 서구 문명 고유의 세계관이 담긴 특정한 '우주 기술(Cosmotechnics)'이다. 페이스북이 사회를 개별 원자들의 네트워크로 상정하거나, 거대 언어 모델이 서구의 데이터와 가치관을 기반으로 세상을 학습하는 것처럼, 이 기술들은 전 세계로 확산되면서 자신들의 철학적 전제를 보편적인 표준으로 강제한다. 그 결과 전 지구의 다양한 문화와 사유 방식(noodiversity)은 단 하나의 기술적 논리 아래 획일화되며, 이는 곧 인식론적 종말, 즉 '생각하는 방식'들의 죽음으로 이어진다.

이에 대한 육후이의 대안은 파괴나 거부가 아닌, '기술 다양성(Technodiversity)'의 창조를 통한 저항이다. 이는 서구 기술을 폐기하고 과거로 돌아가자는 낭만적 복고주의가 아니다. 오히려 도가(Daoism) 사상과 같은 비서구적 철학적 자원을 동원하여, 서구의 지배-착취 논리와는 근본적으로 다른 원리를 가진 새로운 현대 기술을 발명하자는 급진적인 기획이다. 예를 들어, 효율성과 통제가 아닌 관계성과 조화를 중심으로 설계된 AI는 어떤 모습일까? 육후이의 프로젝트는 이처럼 단 하나의 기술적 미래라는 결정론을 거부하고, 다양한 철학에 기반한 복수의 기술적 미래를 창조함으로써 서구 중심의 기술 헤게모니에 균열을 내려는 시도다.

알고리즘이 된 식민주의:
아킬레 음벰베와 '계산적 생사 정치'

카메룬 출신의 탈식민주의 사상가 아킬레 음벰베(Achille

Mbembe)는 기술의 위협을 또 다른 차원에서 분석한다. 그에게 현대 기술은 단순히 사유를 동질화하는 것을 넘어, 과거 식민주의가 자행했던 폭력적인 지배 논리를 알고리즘의 형태로 부활시키고 전 지구적으로 확장하는 도구다. 음벰베는 현대 세계를 신자유주의적 효율성을 명분으로 모든 것을 파괴하고 자원화하는 '브루탈리즘(Brutalism)'의 시대로 규정한다. 이 브루탈리즘의 가장 핵심적인 작동 원리가 바로 그의 개념인 '생사 정치(Necropolitics)'다. 이는 누가 살고 누가 죽어도 되는지를 결정하고, 특정 집단을 '살아있는 죽음'의 상태로 내몰 수 있는 주권 권력의 본질을 의미한다.

음벰베에게 인공지능과 디지털 기술은 바로 이 '생사 정치'를 자동화하고 가속하는 가장 무서운 도구다. 그는 이를 '컴퓨팅 생사 정치(Computational Necropolitics)'라 부른다. 과거 식민지배자가 원주민의 삶과 죽음을 결정했다면, 이제는 알고리즘이 그 역할을 대신한다. 데이터에 기반하여 대출, 복지, 채용에서 특정 집단을 배제하고, 예측 치안 시스템으로 잠재적 범죄자를 낙인찍으며, 디지털 국경 시스템으로 이주민을 '잉여(surplus)' 인구로 분류하여 통제한다. 이처럼 AI는 가치중립적인 계산기가 아니라, 특정 집단을 체계적으로 배제하고 관리하며 그들의 삶을 위협하는 식민주의적 통치 기술로 작동하고 있다는 것이 그의 핵심 진단이다.

음벰베는 오늘날 전 지구적으로 확산되는 기술적 통제 방식의 원형(prototype)이 바로 과거 아프리카에 대한 식민 지배 경험에 있다고 주장한다. 식민지 인구를 감시하고 분류하며 통제하기 위해 개발되었던 기술과 방법론들이, 이제는 AI라는 새로운 옷을 입고 전 세계 모든 사람을 대상으로 적용되고 있다는 것이다. 따라서 이에 맞서는 유일한 길은 기술을 개선하는 것이 아니라, 기술에 내재된 식민주의적 논리 자체를 해체하는 것이다. 그는 이를 '탈경계(Disenclosure)'라 부른다. 이는 물리적 국경뿐만 아니라 인간과 비인간, 정상과 비정상을 나누는 모든 인식론적, 존재론적 경계를 허물고, 식민주의가 남긴 상처를 치유하는 '회복(Reparation)의 정치'를 통해 모든 존재가 함께 살아가는 새로운 공동체를 만들어야 한다는 근본적인 저항의 요구다.

종말의 재정의:
인식의 식민화와 새로운 주체의 탄생

육후이와 음벰베의 사유를 종합할 때, 우리는 'AI 종말'의 의미를 근본적으로 다시 써야 할 필요성에 직면한다.

이들에게 종말은 초지능의 출현과 함께 시작될 미래의 단일 사건이 아니다. 그것은 이미 시작된, 두 개의 축으로 작동하는 현재 진행형 과정이다. 하나는 육후이가 경고한 사유의 동질화이며, 다른 하나는 음벰베가 지적한 지배 논리의 자동화다. 서구 기술은 전 지구의 다양한 사유 방식을 단 하나의 계산 가능한 논리로 환원시키고, 바로 그 논리를 통해 인간을 효율적으로 분류하고 통제하며 배제한다. 이 두 과정이 결합된 '인식의 식민화'야말로 이들이 진단하는 진정한 AI 시대의 종말이다.

이러한 관점은 이 책에서 앞서 다룬 모든 논쟁들이 가진 근본적인 한계를 폭로한다. 기술적 특이점을 통한 영생을 꿈꾸는 유토피아주의자(커즈와일), 통제 불가능한 초지능을 두려워하는 비관론자(유드코프스키), 그리고 기술-자본의 흐름에 모든 것을 내맡기거나(랜드) 그것을 탈취해 오랜 공산주의적 이상을 되살리려는 가속주의자들(좌파 가속주의)까지, 이들은 모두 서구 기술이라는 단 하나의 궤도 위에서 가속할 것인가 감속할 것인가, 혹은 운전대를 누가 잡을 것인가를 두고 다투고 있을 뿐이다. 육후이와 음벰베는 바로 그 궤도 자체에 의문을 제기하며, 우리에게 전혀 다른 길의 가능성을 사유하라는 '인식의 전환'을 촉구한다.

물론 이들의 시도에도 명백히 한계가 존재한다. 저항의 기반마저 서구의 기술 인프라에 의존해야 하는 현실 속에서 이들의 기획이 시스템을 완벽히 전복시키리라 기대하기는 어렵다. 하지만 이들의 진정한 가치는 성공 가능성이 아니라, 거대한 기술적 세계관에 균열을 내는 저항의 행위 자체에 있다. 기술 종말론이 단선론적이고 닫힌 논쟁으로 회귀할 때, 육후이와 음벰베는 그 담론의 외부를 사유할 거의 유일한 통로를 열어 준다. 그 균열 속에서 비로소 기술과 인간의 관계를 재설정하고 '회복의 정치'를 실천할 새로운 주체의 탄생이 가능해진다.

참고문헌

Bernal, V.(2021.4.16). Digitality and Decolonization: A Response to Achille Mbembe. *African Studies Review, 64*(1). https://www.cambridge.org/core/journals/african-studies-review/article/digitality-and-decolonization-a-response-to-achille-mbembe/715762992DF551CE34D44776359E1A3E

Castañeda, V. G. G.(2024.4.16). Yuk Hui: "We are living in a gigantic technological system". CCCBLAB. https://lab.cccb.org/en/yuk-hui-we-are-living-in-a-gigantic-technological-system/

Dunker, A.(2020.6.12). Interview: On Technodiversity: A Conversation with Yuk Hui. Research Network for

Philosophy and Technology.
https://philosophyandtechnology.network/3675/on-technodiversity-a-conversation-with-yuk-hui/

Ekotto, F.(2025). A Dream of Another World. *Cultural Critique, 126*. https://manifold.umn.edu/projects/cc126-frame-011

Germano, V. H.(2025). Machine and Sovereignty – Yuk Hui. victorhg.com.
https://www.victorhg.com/en/post/machine-and-sovereignty-yuk-hui

Hui, Y.(2023.3.31). Rethinking technodiversity. The UNESCO Courier.
https://courier.unesco.org/en/articles/rethinking-technodiversity

Mollema, W. J. T.(2024). Decolonial AI as Disenclosure. *Open Journal of Social Sciences, 12*(2).
https://www.scirp.org/journal/paperinformation?paperid=131479

Norton, B.(2022.4.2). Technology After Hegemony: On Yuk Hui's "Art and Cosmotechnics". Los Angeles Review of Books.
https://lareviewofbooks.org/article/technology-after-hegemony-on-yuk-huis-art-and-cosmotechnics/

Stanford HAI(2022.3.21). The Movement to Decolonize AI: Centering Dignity Over Dependency. Stanford University.
https://hai.stanford.edu/news/movement-decolonize-ai-centering-dignity-over-dependency

10
AI 이후 존재성

기술적 구원의 유토피아에서 비인간적 특이점의 허무주의까지, 인공지능(AI)을 둘러싼 거대한 서사들을 탐험했다. 그러나 이 모든 예언은 서로를 논파하며 하나의 공통된 결론만을 남긴다. 인간이 더 이상 역사의 주인이 아니라는 사실이다. 그렇다면 이 거대한 흐름 앞에서 우리는 어떻게 존재해야 할까? 이 마지막 장은 바로 이 질문에 대한 답을 모색한다.

AI와 미래 의사?

철학적 폐허 위의 거대 서사들

이 책이 탐험한 아홉 개의 종말론적 상상들은 저마다 다른 미래를 예언했지만 역설적이게도 하나의 공통된 풍경을 그리고 있다. 바로 인간이 더 이상 역사의 중심이 아닌 세계다. 기술적 구원을 약속한 낙관론자들조차 이 결론을 피하지 못한다. 레이 커즈와일의 특이점은 인간이 기계와 융합해야만 그 의미를 유지할 수 있는 미래이며 샘 올트먼과 같은 AGI 메시아들의 비전 속에서 인류는 AI라는 새로운 지성이 해결해 주는 문제들을 수동적으로 받아들이는 존재가 된다. 좌파 가속주의의 완전 자동화된 유토피아 역시 인간을 노동이라는 오랜 정체성으로부터 해방시키는 동시에 소외시킨다. 이들의 유토피아 속에서 인간은 안락할지 몰라도, 더 이상 역사를 만들어 가는 주체는 아니다.

비관론과 허무주의의 세계에서는 인간의 자리가 더욱 노골적으로 지워진다. 일라이저 유드코프스키에게 인간은 정렬에 실패한 AI에 의해 한순간에 제거될 오류에 불과하며, 테드 카진스키에게는 의미 없는 '대리 활동'으로 연명하다 시스템에 의해 대체될 존재다. 그리고 닉 랜드에 이르면, 인간은 아예 기술-자본 특이점이라는 새로운 신이 강림하기 위해 잠시 사용되는 '살덩이 꼭두각시'로 전락한다. 구원이든 파멸이든, 가속이든 저항이든, 이 모든 거대 서사들은 인간을 미래의 주인공 자리에서 끌어내린다.

마크 피셔가 진단한 '자본주의 리얼리즘'은 이 모든 담론을 아우르는 시대정신으로 작동하며 육후이와 음벰베의 비판은 이 모든 것이 서구 중심적 사유의 한계임을 폭로한다. 결국 우리가 마주한 것은 화려하지만 공허한 예언들이 서로를 상쇄하며 무너져 내린 거대한 철학적 폐허다. 인간의 자리를 대체하려는 이 장대한 시도들 끝에, 우리는 모든 거대 서사가 약속했던 구원의 땅이 아닌, 그 약속들이 남긴 폐허 위에 서 있다.

인공지능이라는 거울과 인간 조건의 재발견

모든 거대 서사가 무너진 폐허 위에서, 우리는 어디에서부터 사유를 다시 시작해야 하는가? 역설적이게도 그 실마리는 이 모든 혼돈을 촉발한 인공지능(AI) 그 자체에 있다. AI를 신이나 악마가 아닌, 인류 문명 전체를 비추는 거대한 거울로 바라볼 때, 우리는 비로소 우리 자신을 다시 발견할 기회를 얻는다. 현재의 파운데이션 모델들은 인류가 유사 이래 쌓아온 방대한 텍스트, 이미지, 코드의 총합을 학습한다. 그것은 인류의 지식과 편견, 가장 위대한 통찰과 가장 어리석은 실수를 모두 담고 있는 우리 문명의 거대한 아카이브다.

이 거울 앞에서 우리는 AI의 놀라운 지능에 경탄하지만, (적어도 아직은) 그 본질을 오해해서는 안 된다. AI가 윤리, 관계, 죽음과 같은 복잡한 문제에 대해 심오한 답변을 내놓을 때, 그것은 새로운 지혜를 창조하는 것이 아니다. 그것은 인류 역사상 가장 뛰어난 철학자, 작가, 과학자들이 남긴 데이터의 가장 정교한 재조합이자 반영이다. AI는 새로운 플라톤이 아니라, 플라톤부터 현대의 모든 철학자까지 모든 것을 읽고 즉각적으로 요약해주는 완벽한 사서에 가깝다. AI의 지혜는 창조가 아닌 반영이며, 그 빛은 스스로 내는 것이 아니라 우리의 과거 지식과 행동으로부터 빌려온 것이다.

바로 이 지점에서 AI라는 거울은 우리에게 가장 근본적인 질문을 되돌려준다. 만약 AI가 인간의 모든 지식을 완벽히 소유하고 그 행동을 완벽하게 모사할 수 있다면, 지식만으로는 환원될 수 없는 인간의 고유성은 무엇인가? AI가 역사상 모든 사랑 시를 분석해 완벽한 시를 쓸 수 있다면, 그럼에도 불구하고 우리가 서툴고 비합리적인 사랑에 빠지는 이유는 무엇인가? AI가 모든 윤리 이론을 비교 분석하여 최적의 판단을 내릴 수 있다면, 알면서도 실수하고 고뇌하며 책임지려는 우리의 윤리적 투쟁은 어떤 의미를 갖는가? AI라는 완벽한 거울은 우리를 폐기 처분하는 대신, 우리에게서 결코 빼앗을 수 없는 것들을 비춘다. 바로 피할 수 없는 죽음과 되돌릴 수 없는 시간이라는 유한성, 데이터가 아닌 살과 피를 가진 육체성, 그리고 계산이 아닌 상호작용 속에 존재하는 관계성이다. 기술이 우리를 비출수록, 우리는 역설적으로 가장 인간적인 것의 가치를 다시 발견하게 된다.

시시포스의 자세, 가속 속에서의 실존적 태도

AI라는 거울을 통해 우리 자신의 고유한 조건을 재발견했다면, 이제 마지막 질문이 남는다. 이 거대하고 통제 불가능한 가속의 흐름 속에서 우리는 어떻게 존재해야 하는가? 이 책이 탐험한 모든 거대 서사들은 저마다의 유토피아나 디스토피아라는 '이상적 형태(ideal type)'를 약속했지만, 현실은 그 어떤 예언도 보장하지 않는다. 기술의 발전은 이미 시작되었고 사실상 막을 수 없으며, 그 과정이 어디로 향할지는 아무도 모른다. 이 근본적인 불확실성 앞에서 우리가 취할 수 있는 유일한 태도는, 알베르 카뮈(Albert Camus)가 말한 실존주의적 태도와 맞닿아 있다.

카뮈는 부조리한 운명에 맞서는 인간의 모습을 그리스 신화 속 시시포스(Sisyphus)를 통해 묘사했다. 신들에게 저주를 받아 영원히 거대한 바위를 산 정상으로 밀어 올리고, 정상에 닿는 순간 다시 굴러 떨어지는 바위를 바라봐야 하는 형벌. 시시포스의 노동은 완벽하게 무의미하고 희망이 없다. 그러나 카뮈는 말한다. "우리는 시시포스가 행복하다고 상상해야 한다." 그의 행복과 저항은 바위를 정상에 올려놓는 '성공'에 있지 않다. 그것은 자신의 운명의 부조리함을 명철하게 인식하면서도, 그 운명에 굴복하지 않고 묵묵히 바위를 밀어 올리는 과정 자체에 있다.

AI 시대의 인간 존재는 시시포스의 운명과 같다. 기술 발전이라는 거대한 바위는 우리의 의지와 상관없이 굴러간다. 우리는 그것을 멈출 수도, 그 최종 목적지를 알 수도 없다. 이 거대한 부조리 앞에서 'AI 이후의 존재성'이란, 모든 것이 바뀔 것이라는 사실을 초연하게 받아들이는 수용에서 시작된다. 그리고 그 수용 위에서, 결과가 아닌 과정에 충실하려는 카뮈적 반항으로 이어진다. 그것은 거대 서사에 대한 믿음을 버리는 대신, 눈앞의 구체적인 삶에서 의미를 찾는 태도다. AI가 줄 수 없는 진정한 관계를 맺고, 기계가 대신할 수 없는 윤리적 책임을 지며, 유한한 삶의 가치를 긍정하는 것. AI 종말론의 모든 소음 속에서, 자신의 존엄을 지키며 묵묵히 바위를 밀어 올리는 것. 그것이 이 모든 거대 서사가 무너진 폐허 위에서 우리가 선택할 수 있는 유일하고도 가장 인간적인 존재 방식일 것이다.

참고문헌

알베르 카뮈(2014). 《시시포스 신화: 부조리에 관한 시론》. 오영민 옮김. 연암서가.

조이환

국가AI연구거점 연구원으로 국제 협력 및 공동 연구 기획을 담당하고 있다. 이전에는 지디넷코리아 기자로 인공지능(AI) 및 데이터 거버넌스 관련 기사를 기고했으며 AI 아시아태평양기구(AI Asia Pacific Institute)에서 아태 지역 AI 거버넌스 협력을 연구했다. 현재 국제인공지능윤리협회(IAAE) 자문위원으로도 활동하고 있다. 런던정치경제대학교(LSE)에서 국제관계학 석사, 성균관대학교에서 정치외교학 학사를 마쳤다.